NEW 초등

영어 첫걸음

PLUS -개정판

NEW 초등 영어 첫걸음 PLUS (개정판)

2020년 2월 20일   초판 1쇄 발행
2022년 9월 25일 개정판 1쇄 발행
2024년 2월 20일   개정 3쇄 인쇄
2024년 2월 25일   개정 3쇄 발행

지은이 이동호·Lina
펴낸이 이규인
펴낸곳 국제어학연구소 출판부
책임편집 이희경
편 집 박정애
삽 화 이경택
표지 디자인 현상옥
편집 디자인 김미란·최영란

출판등록 2010년 1월 18일 제302-2010-000006호
주소 서울특별시 마포구 대흥로4길 49, 1층(용강동 월명빌딩)
Tel (02) 704-0900 **팩시밀리** (02) 703-5117
홈페이지 www.bookcamp.co.kr
e-mail changbook1@hanmail.net

ISBN 979-11-9792034-9 13740
정가 15,000원

영어의 기초를 다져 주는
magic 시리즈

NEW 초등
영어 첫걸음
PLUS -개정판

Do you like me?

ILR 국제어학연구소

머리말

어린아이들이 우리말을 하는 과정을 살펴보면 어느 날 갑자기 자신의 의견을 또박또박 표현하기 시작합니다. 이처럼 갑자기 말문이 트이기 시작하기 전의 일정한 기간을 침묵기간(Silent Period)이라 합니다.

영어를 습득하는 과정도 마찬가지입니다. 처음부터 영어를 잘하게 되는 것이 아니라, 상당한 시간 영어를 받아들이는 기간이 필요합니다. 어느 정도 시간이 지나면 아이들은 영어를 편안히 느낄 수 있는 단계에 이르고, 어느 순간 영어로 자신의 생각을 표현하기 시작합니다.

우리나라와 같은 EFL(English as a foreign language)* 환경에서는 이러한 침묵기간이 더 오래 필요하게 됩니다. 또한 침묵기간 동안 상당한 노력을 기울여 단어도 외우고, 영어의 문장구조도 익히고, 필요하면 문장도 외우는 노력을 하여야 합니다. 어린이들에게는 이러한 '침묵기간'이 길고 지루하고 힘들게 느껴질 것입니다. 이때 부모님들이 옆에서 이러한 상태에 있는 아이들을 잘 인도하여야 합니다.

본 교재는 영어를 처음 접하는 초등학교 어린이들을 염두에 두고 개발된 시리즈입니다. 이 책에서 제시한 대로 영어를 익히다 보면 어느 순간 말문이 트이게 되는 경험을 하게 될 것입니다.

이 책이 나오기까지 수고한 많은 분들에게 하나님의 은혜가 충만하게 되길 기도합니다.

---

* **ESL& EFL** 영어를 배우는 환경은 ESL과 EFL환경이 있다. ESL (English as a second language)환경은 영어에 24시간 노출되어 영어를 자연스럽게 터득할 수 있는 조건이 갖춰진 상태의 환경을 말하고, EFL (English as a foreign language) 환경은 영어에 제한된 시간만(주로 영어수업시간) 노출되어영어를 인위적으로 익혀야만 하는 환경을 말한다. 우리나라와 같은 상황이 EFL환경이다. 본 시리즈는 영어를 외국어로서 배우는 이러한 EFL환경을 염두에 두고 개발된 것이다.

차 례

Track 01 → **1. 알파벳 익히기 12**
알파벳 그림표 **14**
Let's Study **68**

Track → **2. 알파벳 필기체 익히기 70**
알파벳 필기체 그림표 **72**
Let's Study **82**

3. 발음 기호 익히기 84
모음기호 그림표 **86**
자음기호 그림표 **88**

Track 02 → (1)단모음을 익혀요! **90**
Track 03 → (2)장모음을 익혀요! **93**
Track 04 → (3)이중모음을 익혀요! **95**
Track 05 → (4)자음을 익혀요! **98**

4. 악센트와 억양 익히기 106
Let's Study **110**

5. 영어 단어 익히기 112
• 영어 단어의 종류를 알고 싶어요! **114**
Track 06 → • 나, 너, 그리고 우리 (I, You, and We) **120**
Track 07 → • 우리 가족 (Family) **121**

`Track 08` · 나의 얼굴 (Face) **122**

`Track 09` · 나의 몸 (Body) **123**

`Track 10` · 우리 집 (House) **124**

`Track 11` · 예쁜 옷 (Clothes) **126**

`Track 12` · 맛있는 식료품 (Food) **127**

`Track 13` · 과일과 야채 (Fruit&Vegetables) **128**

`Track 14` · 계절과 달 (Seasons&Months) **129**

`Track 15` · 자연과 날씨 (Nature&Weather) **130**

`Track 16` · 방향과 지역 (Directions&Area) **132**

`Track 17` · 색의 나라 (Color) **133**

`Track 18` · 신나는 동물원 (Zoo) **134**

`Track 19` · 곤충 나라 (Insects) **136**

`Track 20` · 바다의 세계 (Sea) **138**

`Track 21` · 띠띠빵빵 교통수단 (Transportation) **140**

`Track 22` · 신나는 학교 생활 (School life) **142**

`Track 23` · 숫자 나라 (Number) **143**

Let's Study **144**

6.영어 문장 익히기 146

`Track 24` 1.나는 누구일까? **148**

`Track 25` 2.그녀를 소개할게! **150**

`Track 26` 3.그를 소개할게! **152**

`Track 27` 4.나는 그것이 아니야! **154**

`Track 28` 5.우리 서로 인사하자! **156**

`Track 29` 6.난 너에 대해 알고 싶어! **158**

`Track 30` 7.나는 우리 가족이 좋아! **160**

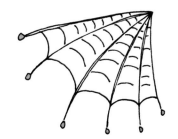

Track 31 ▸ 8. 난 그게 싫어! **162**

Track 32 ▸ 9. 너 나 좋아해? **164**

Track 33 ▸ 10. 난 할 수 있어. **166**

Track 34 ▸ 11. 나는 그것을 못해 **168**

Track 35 ▸ 12. 그것을 할 수 있어? **170**

Track 36 ▸ 13. 지금 몇 시야? **172**

Track 37 ▸ 14. 날씨가 추워! **174**

Track 38 ▸ 15. 우리 함께 하자! **176**

Track 39 ▸ 16. 이거 봐! **178**

Track 40 ▸ 17. 만지지 마! **180**

Track 41 ▸ 18. 이게 뭐야? **182**

Let's Study **184**

부록 – 영어로 나의 이름 쓰기 186

이 책의 구성

▲학습 가이드 스티커

선생님이나 부모님이 자녀나 학생의 학습을 끝까지
지켜봐 줄 수 있도록 학습 가이드 스티커를 만들었습니다.
책을 끝낼 때까지 함께해 주십시오.

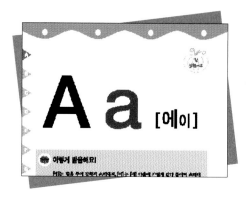

▲알파벳 익히기

알파벳 대문자, 소문자를 쓰면서 익히는 코너입니다.
각 알파벳으로 시작하는 단어를 그림과 함께 익힐 수
있어 재미있게 공부할 수 있습니다.

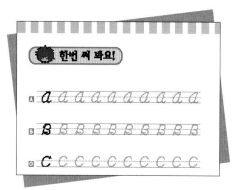

▲알파벳 필기체 익히기

알파벳의 필기체는 쓰기도 힘들고 읽기도 어렵습니다.
필기체 펜맨십을 통해 익혀 놓으면 중학생이 되어서도
효과적으로 활용할 수 있어 좋습니다.

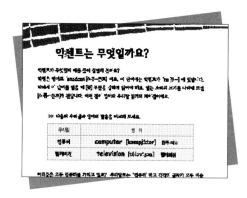

▲악센트와 억양 익히기

우리말과 다르게 영어에만 있는 악센트와 억양을
익히는 코너입니다. 악센트와 의문문, 평서문의
읽기를 배우며 자연스럽게 억양을 익히게 됩니다.

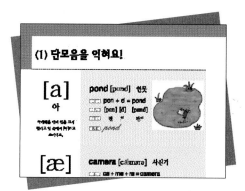

▲발음 기호 익히기

발음기호를 읽을 줄 알아야 모르는 단어를 사전에서
찾아 읽고 뜻을 이해할 수 있습니다. 영어 발음기호를
하나하나 익힐 수 있게 구성했습니다.

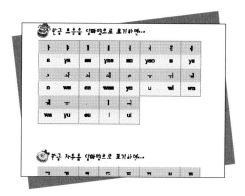

▲영어 단어 익히기

알파벳부터 발음기호, 악센트 등을 모두 익힌
기초를 바탕으로 영어 단어를 그림과 함께 배우는
코너입니다. 주제별로 되어 있어 쉽고 재미있습니다.

▲영어 문장 익히기

영어 기초 공부의 완성단계 입니다. 지금까지 배운 영어
지식을 바탕으로 직접 말하고 쓰는 법을 배우게 됩니다.
부모님과 자녀가 함께 읽고 대화하면 좋습니다.

▲부록–영어로 나의 이름 쓰기

한글의 영어 표기를 모두 수록했습니다. 표기법에
따라 자신의 이름을 영어로 써 보고 익히면,
영어에 친밀감을 느끼고 활용하는 방법을 배우게
됩니다.

홈페이지에서
MP3
무료다운

www.bookcamp.co.kr

◀ MP3 익히기

알파벳과 관련 단어, 발음기호와 관련 단어,
영어 단어 익히기, 영어 문장 익히기 코너를
영어권 선생님이 녹음하여 정확한 발음을
배울 수 있습니다.

영어 우등생을 위한 지도법

1. 알파벳부터 차근차근 배우기

영어에 친숙해지기 위해서는 알파벳 대문자와 소문자를 확실하게 익히는 것이 중요해요. 따라서 책에 있는 펜맨십 코너에서 반드시 써 보고 암기하도록 지도해 주세요. 이 책에는 알파벳 필기체 펜맨십도 있어요. 지금 당장은 어렵고 별 필요를 느끼지 못하지만 중학교에 가서 또 배우게 되므로 처음부터 익혀 두면 좋답니다. 만약에 기본 알파벳과 혼동을 느끼고 어려워한다면 일단 기본 알파벳을 완전히 익힌 후에 다시 학습하도록 지도해 보세요.

2. 수록된 단어는 모두 암기하기

알파벳과 발음기호를 설명하기 위해 예를 든 단어들을 모두 암기하고 넘어가도록 지도해 주세요. 이러한 단어들을 암기하면서 알파벳과 발음기호에 익숙해지기 때문이에요. 알파벳과 발음기호 하나하나를 무리하게 단독으로 암기하게 하는 것보다 영어 단어를 통해 자연스럽게 익히게 하는 것이 훨씬 효과적이랍니다.

3. 책의 구성에 따라진도 나가기

이 책은 알파벳부터 발음기호, 악센트, 단어, 문장을 순서대로 학습하도록 배열하였어요. 영어를 한꺼번에 주입식으로 가르치면 금세 싫증을 내거나 영어 자체를 기피하게 된답니다. 영어에 재미를 느끼게 하려면 쉽고 간단하게 시작해서 점점 영어 문장 자체를 이해하도록 하는 것이 중요해요. 이러한 학습 지도법에 준하여 영어 첫걸음을 구성하였으므로 차례대로 꾸준히 공부하게 하는 것이 좋아요. 학습 가이드 스티커 등을 통해 책을 처음부터 끝까지 마스터할 수 있게 지도해주세요.

한글 독음 표기법 ㄱㄴ

영어 발음을 한글로 정확하게 표기하기는 어려워요.
이 책에서는 가장 유사한 독음에 맞춰 한글로 표기하였으므로 발음 시에 참고 자료로만 활용하세요.

1. [r] 발음 표기 - [ㄹ]로 표기했어요.

'r'은 혀를 굴려서 내는 소리예요. 한국어에는 없는 소리이기 때문에 한국인이 발음하기에 무척 까다롭답니다. 이 책에서는 [r] 발음을 해야 하는 곳에 [ㄹ]을 한글 독음으로 달아 놓았어요. [ㄹ] 표기가 있는 부분은 혀를 굴려 소리 내어 보세요.

> 예 **star** [스타-ㄹ] 별   ····▸ 'ㄹ' 표기 부분에서 혀를 굴려 발음해요.

2. [f] 발음 표기 - [p]음과 달라요.

'f'는 윗니로 아랫입술을 살짝 누르며 내는 소리예요. 따라서 [프]라고 발음되는 [p]와는 전혀 다른 소리랍니다. 이것을 한글로 표기하기는 어려워요. 그래서 [f] 발음을 [p]음과 구별하기 위해서 한글 표기를 다르게 했으니까 혼동하지 말아요.

> 예 **father** [퐈-더ㄹ] 아버지   ····▸ [파더]라고 읽지 않아요.

3. [v] 발음 표기 - [b]음과 달라요.

'v'는 윗니로 아랫입술을 살짝 누르며 내는 소리예요. 따라서 [브]라고 발음되는 [b]와는 전혀 다른 소리랍니다. 이것을 한글로 표기하기는 어려워요. 그래서 [v] 발음을 [b]음과 구별하기 위해서 한글 표기를 다르게 했으니까 혼동하지 말아요.

> 예 **vase** [붸이스] 꽃병   ····▸ [베이스]라고 읽지 않아요.

4. [-] 장음 표기

영어에는 길게 발음해야 하는 모음들이 있어요. 이것을 장모음이라고 하는데 한글로는 표현이 되지 않기 때문에 기호 '-'을 한글독음에 달아 장모음으로 발음해야 하는 부분을 표기했어요. 장모음과 단모음이 있으므로 기호를 보며 확인해서 읽어요.

> 예 **student** [스튜-든트] 학생   ····▸ [튜]부분을 길게 읽어요.

1 알파벳 익히기

한글의 자음과 모음

우리 나라 글자는 자음과 모음으로 이루어져 있어요. 자음에는 어떤 것들이 있을까요? ㄱ, ㄴ, ㄷ, ㄹ, ㅁ, ㅂ, ㅅ, ㅇ, ㅈ, ㅊ, ㅋ, ㅌ, ㅍ, ㅎ, 이렇게 14자가 있어요. 그럼 모음에는 어떤 것들이 있을까요? ㅏ, ㅑ, ㅓ, ㅕ, ㅗ, ㅛ, ㅜ, ㅠ, ㅡ, ㅣ, 이렇게 10자가 있어요. 우리 한글은 이러한 자음과 모음이 모여 글자를 만들도록 되어 있답니다.

영어의 자음과 모음

영어에도 한글과 같이 자음과 모음이 있어요. 영어의 자음에는 어떤 것들이 있을까요? B, C, D, F, G, H, J, K, L, M, N, P, Q, R, S, T, V, W, X, Y, Z 이렇게 21자가 있어요. 그럼 영어의 모음에는 어떤 것들이 있을까요? A, E, I, O, U 이렇게 5자가 있어요. 영어의 자음 21자와 모음 5자를 합친 26자를 알파벳이라고 불러요.

알파벳의 대문자와 소문자

알파벳은 대문자와 소문자가 있어요. 알파벳 대문자를 한번 알아 볼까요? A, B, C, D, E, F, G, H, I, J, K, L, M, N, O, P, Q, R, S, T, U, V, W, X, Y, Z, 이렇게 쓰는 것이 대문자예요. 그럼 소문자는 어떻게 쓸까요? a, b, c, d, e, f, g, h, i, j, k, l, m, n, o, p, q, r, s, t, u, v, w, x, y, z, 이렇게 쓴답니다. 알파벳의 대문자와 소문자는 모양이 다르니까 모두 알아 두어야 해요.

이제 A부터 Z까지 알파벳을 하나하나 익힐 거예요. 책의 순서대로 차근차근 익히면 알파벳을 자신 있게 읽고 쓸 수 있게 된답니다. 끝까지 재미있게 공부해 봐요.

A a 에이	**B b** 비-	**C c** 씨-
D d 디-	**E e** 이-	**F f** 에프
J j 줴이	**K k** 케이	**L l** 엘
P p 피-	**Q q** 큐-	**R r** 아-르
V v 븨-	**W w** 더블유	**X x** 엑스

ALPHABET
알파벳 그림표

G g
쥐-

H h
에이취

I i
아이

M m
엠

N n
엔

O o
오우

S s
에스

T t
티-

U u
유-

Y y
와이

Z z
지-

A a [에이]

이렇게 발음해요!

[에]는 힘을 주어 강하게 소리내고, [이]는 [에] 다음에 가볍게 갖다 붙이며 소리내요. 이때 [에]와 [이]는 각각 소리 내는 것이 아니라 자연스럽게 이어서 [에이]라고 하는 거예요. 큰 소리로 읽어 봐요!

 한번 써 봐요!

대문자
A A A A A A A A A A

소문자
a a a a a a a a a a

airplane 비행기

air + plane = airplane
[에어ㄹ] [플레인] [에어ㄹ플레인]

album 사진첩

al + bum = album
[앨] [범] [앨범]

apple 사과

a + pple = apple
[애] [플] [애플]

B b [비-]

 이렇게 발음해요!

입술을 가볍게 붙였다 띠면서 [비]를 강하고 길게 소리내요. [비] 뒤의 표시 '‒'는
장음 기호예요. 이런 기호가 붙어 있으면 [비이]라고 한 것처럼 들리도록 길게 발
음하는 거예요. 큰 소리로 읽어 봐요!

 한번 써 봐요!

 대문자 B B B B B B B B

 소문자 b b b b b b b b

banana 바나나

ba + na + na = banana
[버]　[내]　[너]　　[버내너]

bear 곰

be + ar = bear
[베]　[어ㄹ]　[베어ㄹ]

bubble 거품

bu + bble = bubble
[버]　[블]　　[버블]

C c [씨-]

이렇게 발음해요!

입술을 길게 늘리고, 윗니와 아랫니 사이에서 내는 소리예요. 이를 맞대고 [씨]라고 강하고 길게 발음해요. '-'는 장음 기호로 [씨이]라고 들리도록 길게 발음하는 거예요. 큰 소리로 읽어 봐요!

한번 써 봐요!

대문자

C C C C C C C C C

소문자

C C C C C C C C C

camera 카메라

ca + me + ra = camera
[캐]　[머]　[뤄]　　[캐머뤄]

clock 시계

cl + ock = clock
[클]　[악]　　[클락]

computer 컴퓨터

com + pu + ter =
[컴]　[퓨-]　[터ㄹ]

computer
[컴퓨-터ㄹ]

D d [디-]

 이렇게 발음해요!

윗니와 아랫니를 약간 벌린 상태에서 혀끝을 윗니 뒤에 살짝 붙였다 떼면서 [디]라고 강하고 길게 발음해요. '-'는 장음 기호로 [디이]라고 들리도록 길게 발음하라는 뜻이에요. 큰 소리로 읽어 봐요!

 한번 써 봐요!

 대문자

D D D D D D D D

 소문자

d d d d d d d d

dad 아빠

da + d = dad
[대]　[드]　[대드]

drum 북

d + rum = drum
[드]　[륌]　　[드륌]

duck 오리

du + ck = duck
[더]　[ㄱ]　　[덕]

E e [이-]

 이렇게 발음해요!

입술을 옆으로 약간 늘리고, 윗니 아랫니를 약간 벌린 사이로 [이]라고 강하고 길게 발음해요. '−'는 장음 기호로 [이이]라고 들리도록 길게 발음하라는 뜻이에요. 큰 소리로 읽어 봐요!

 한번 써 봐요!

대문자 E E E E E E E E E

소문자 e e e e e e e e e

24

eagle 독수리

ea + gle = eagle
[이-] [글] [이-글]

egg 달걀

e + gg = egg
[에] [그] [에그]

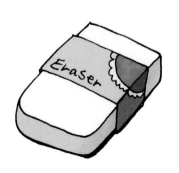

eraser 지우개

e + ra + ser = eraser
[이] [뤠이] [서리] [이뤠이서리]

F f [에프]

 이렇게 발음해요!

[에]를 강하게 발음한 뒤, 윗니를 아랫입술에 살짝 데면서 [프]라고 발음해요. [에]와 [프]는 각각 소리내지 않고 자연스럽게 이어서 [에프]라고 발음하는 거예요. 큰 소리로 읽어 봐요!

 한번 써 봐요!

대문자 F F F F F F F F F

소문자 f f f f f f f f f

finger 손가락

fin + ger = finger
[핑]　　[거리]　　[핑거리]

fish 물고기

fi + sh = fish
[퓌]　[쉬]　　[퓌쉬]

flower 꽃

fl + ow + er = flower
[플]　[아우]　[어리]　[플라우어리]

G g [쥐-]

 이렇게 발음해요!

입술을 내밀면서 [쥐]를 강하고 길게 발음해요. '—'는 장음 기호로 [쥐이]라고 소리내는 것처럼 길게 발음하라는 뜻이에요. 큰 소리로 읽어 봐요!

 한번 써 봐요!

 대문자

G G G G G G G G

 소문자

g g g g g g g g g g

giraffe 기린

gi + ra + ffe = giraffe
[쥐] [뢔] [프] [쥐뢔프]

grape 포도

g + ra + pe = grape
[그] [뤠이] [프] [그뤠이프]

guitar 기타

gui + tar = guitar
[기] [타-ㄹ] [기타-ㄹ]

H h

[에이취]

 이렇게 발음해요!

[에]를 강하게 소리내고, [이취]는 [에] 소리 다음에 약하게 붙여 발음해요. [에], [이], [취]는 각각 소리내는 것이 아니라 자연스럽게 이어서 [에이취]로 발음하는 거예요. 큰 소리로 읽어 봐요!

 한번 써 봐요!

대문자 H H H H H H H H H

소문자 h h h h h h h h h

hamburger 햄버거

ham + bur + ger =
[햄]   [버-ㄹ]   [거ㄹ]

hamburger

[햄버-ㄹ거ㄹ]

horse 말

hor + se = horse

[호-ㄹ]   [스]   [호-ㄹ스]

house 집

hou + se = house

[하우]   [스]   [하우스]

Ii

[아이]

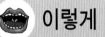 **이렇게 발음해요!**

[아]를 강하게 소리내고, [이]는 [아] 소리 다음에 약하게 붙여 발음해요. [아], [이]
는 각각 소리내는 것이 아니라 자연스럽게 이어서 [아이]라고 발음하는 거예요. 큰
소리로 읽어 봐요!

✏️ **한번 써 봐요!**

대문자	I							

소문자	i							

ice 얼음

i + ce = ice
[아이] [스]　[아이스]

ink 잉크

in + k = ink
[잉]　[크]　[잉크]

insect 벌레

in + sec + t = insect
[인]　　[섹]　　[트]　　[인섹트]

J j [쉐이]

 이렇게 발음해요!

[쉐]를 강하게 소리내고, [이]는 [쉐] 소리 다음에 약하게 붙여 발음해요. [쉐], [이]
는 각각 소리내는 것이 아니라 자연스럽게 이어서 [쉐이]라고 발음하는 거예요. 큰
소리로 읽어 봐요!

 한번 써 봐요!

대문자

J J J J J J J J J

소문자

j j j j j j j j j

34

jelly 젤리

jel + ly = jelly
[젤]　[리]　[젤리]

juice 주스

jui + ce = juice
[주-]　[스]　[주-스]

jungle 밀림

jun + gle = jungle
[정]　[글]　[정글]

K k [케이]

 이렇게 발음해요!

[케]를 강하게 소리내고, [이]는 [케] 소리 다음에 약하게 붙여 발음해요. [케], [이]는 각각 소리내는 것이 아니라 자연스럽게 이어서 [케이]라고 발음하는 거예요. 큰 소리로 읽어 봐요!

 한번 써 봐요!

대문자

K K K K K K K K

소문자

k k k k k k k k

kangaroo 캥거루

kan + ga + roo =
[캥]   [거]   [루-]

kangaroo
[캥거루-]

kite 연

ki + te = kite
[카이] [트]   [카이트]

kitchen 부엌

ki + tchen = kitchen
[키]   [췬]   [키췬]

L l [엘]

 ## 이렇게 발음해요!

혀끝을 윗니 바로 뒤의 입천장에 갖다 대고 [엘] 이라고 강하게 소리내요. 이때
받침[ㄹ]은 혀를 고정시킨 채 강하게 발음하는 거예요. 큰 소리로 읽어 봐요!

 ## 한번 써 봐요!

대문자

L L L L L L L L

소문자

l l l l l l l l l

38

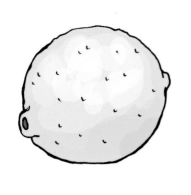

lemon 레몬

le + mon = lemon
[레]　[먼]　　[레먼]

lion 사자

li + on = lion
[라이]　[언]　[라이언]

lollipop 막대사탕

lol + li + pop = lollipop
[랄]　[리]　[팝]　　[랄리팝]

M m [엠]

 이렇게 발음해요!

입을 벌렸다 다물면서 [엠]을 강하게 소리내요. [ㅁ]은 입을 닫은 상태에서 콧소리를 이용해서 발음하는 거예요. 이때 받침 [ㅁ]을 강하고 확실하게 소리내요. 큰 소리로읽어봐요!

 한번 써 봐요!

 대문자 M M M M M M M M M

 소문자 m m m m m m m m m

40

magnet 자석

ma + g + net = magnet
[매] [그] [닛] [매그닛]

milk 우유

mil + k = milk
[밀] [크] [밀크]

mouse 생쥐

mou + se = mouse
[마우] [스] [마우스]

N n [엔]

이렇게 발음해요!

입술을 약간 벌리고, 혀끝을 윗니 뒤쪽 입천장에 대고 [엔]이라고 강하게 소리내요. [엠]의 소리는 입을 다물고 내는 소리이고, [엔]은 입술을 약간 열고 내는 소리에요. 큰 소리로 읽어 봐요!

한번 써 봐요!

대문자

N N N N N N N N

소문자

n n n n n n n n

night 밤

nigh + t = night
[나이]　[트]　[나이트]

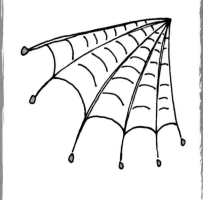

net 그물

ne + t = net
[네]　[트]　[네트]

number 숫자

num + ber = number
[넘]　　[버리]　　[넘버리]

O o [오우]

 이렇게 발음해요!

입술을 동그랗게 오므려 [오]를 강하게 소리내요. [오] 소리 다음에 가볍게 붙여 [우]를 발음해요. [오]와 [우]는 각각 소리내는 것이 아니라 자연스럽게 이어 [오우] 라고 발음해요. 큰 소리로 읽어 봐요!

 한번 써 봐요!

대문자

소문자

octopus 문어

oc + to + pu + s =
[악] [터] [퍼] [스]

octopus
[악터퍼스]

oil 기름

o + il = oil
[오] [일] [오일]

orange 오렌지

o + ran + ge = orange
[오] [뤈]   [지]   [오뤈지]

P p [피-]

 이렇게 발음해요!

입술을 약간 힘을 주어 붙였다 떼면서 [피]를 강하고 길게 소리내는 거예요.
[피] 뒤에 붙은 장음 기호 '–'는 소리를 길게 내라는 표시예요.
큰 소리로 읽어 봐요!

 한번 써 봐요!

대문자

P P P P P P P P P

소문자

p p p p p p p p p

46

parrot 앵무새

pa + rrot = parrot
[패]   [롯]   [패롯]

piano 피아노

pi + a + no = piano
[피] [애] [노-우] [피애노우]

potato 감자

po + ta + to = potato
[퍼]   [테이] [토우]   [퍼테이토우]

Q q [큐-]

이렇게 발음해요!

입술을 앞으로 쭈욱 내밀고 [큐]를 강하고 길게 소리내는 거예요. [큐] 뒤에 붙은 장음 기호 '-'는 소리를 길게 내라는 표시예요. [큐]와 [큐-]는 다른 소리예요. 큰 소리로 읽어 봐요!

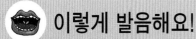

한번 써 봐요!

대문자

Q Q Q Q Q Q Q Q Q

소문자

q q q q q q q q q

48

queen 여왕

quee + n = queen

[퀴-]   [ㄴ]   [퀸-]

quilt 누비 이불

quil + t = quilt

[퀼]   [트]   [퀼트]

quiz 퀴즈

qui + z = quiz

[퀴]   [즈]   [퀴즈]

R r [아-ㄹ]

 ## 이렇게 발음해요!

혀끝을 말아 올리며 [아ㄹ]이라고 발음해요. [아] 다음에 [ㄹ]을 표기한 이유는 [ㄹ] 소리가 [알]처럼 받침으로 발음되는 것이 아니라 혀를 구부려 독립적으로 발음하기 때문이에요. 큰 소리로 읽어 봐요!

 ## 한번 써 봐요!

대문자

R R R R R R R R R

소문자

r r r r r r r r r

50

radio 라디오

ra + di + o = radio
[뤠이] [디] [오우] [뤠이디오우]

rainbow 무지개

ra + in + bow = rainbow
[뤠] [인] [보우] [뤠인보우]

robot 로봇

ro + bot = robot
[뤄우] [벗] [뤄우벗]

S s [에스]

이렇게 발음해요!

혀끝을 아랫니 뒤쪽에 대고 [에]를 강하게 소리내고 [에] 다음에 [스]를 약하게 발음해요. [에]와 [스]는 각각 소리내는 것이 아니라 자연스럽게 이어서 [에스]라고 발음하는 거예요. 큰 소리로 읽어 봐요!

 한번 써 봐요!

 대문자

S S S S S S S S

 소문자

s s s s s s s s s

scissors 가위

sci + ssor + s = scissors
[시]　[저ㄹ]　[즈]　[시저ㄹ즈]

shoe 구두

sh + oe = shoe
[슈]　[우-]　[슈-]

swing 그네

s + wing = swing
[스]　[윙]　[스윙]

T t [티-]

 이렇게 발음해요!

아랫니와 윗니 사이에 혀를 약간 물리며 [티]라고 강하고 길게 소리내요. [티] 다음에 붙는 장음 기호 '–'는 길게 발음하라는 뜻이에요.

 한번 써 봐요!

대문자 T T T T T T T T T

소문자 t t t t t t t t t

tree 나무

t + ree = tree
[트]　[뤼-]　　[트뤼-]

truck 트럭

t + ruck = truck

[트]　　[뤽]　　　[트뤽]

tulip 튤립

tu + lip = tulip
[튜-]　[립]　　[튜-립]

U u [유-]

입술을 동그랗게 내밀면서 [유]를 강하고 길게 소리내요. [유] 다음에 붙는 장음 기호 '-'는 길게 발음하라는 뜻이에요. 따라서 [유]와 [유-]는 다른 소리예요. 큰 소리로 읽어 봐요!

 한번 써 봐요!

대문자

소문자

umbrella 우산

um + b + rel + la =
[엄] [브] [렐] [레]

umbrella
[엄브뤨러]

uncle 삼촌, 아저씨

un + cle = uncle
[엉] [클] [엉클]

uniform 유니폼

u + ni + form = uniform
[유-] [니] [풤] [유-니풤]

V v [비-]

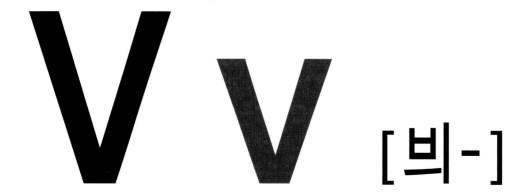

이렇게 발음해요!

윗니를 아랫입술에 가볍게 대면서 [비-]라고 강하고 길게 소리내요. [비] 다음에 붙는 장음 기호 '-'는 길게 발음하라는 뜻이에요. 처음에 [비-]라고 발음하기 힘들면 [브이]를 빠르게 발음하면 돼요. 큰 소리로 읽어 봐요!

한번 써 봐요!

대문자

소문자

vase 꽃병

va + se = vase
[붸이] [스] [붸이스]

vegetable 야채

ve + ge + ta + ble =
[붸] [지] [터] [블]
vegetable
[붸지터블]

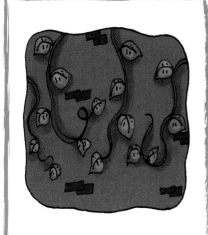

vine 덩굴

vi + ne = vine
[봐이] [느] [봐인]

W w [더블유]

이렇게 발음해요!

[더]를 강하게 소리내고, 다음에 [블유]를 약하게 붙여서 소리내요. 이때 [더], [블], [유]
는 각각 소리내는 것이 아니라 자연스럽게 이어서 [더블유]라고 발음하는 거예요.

한번 써 봐요!

대문자

소문자

wagon 짐마차

wa + gon = wagon
[웨]　　[건]　　[웨건]

watermelon 수박

wa + ter + mel + on =
[워-]　[터ㄹ]　[멜]　[언]

watermelon
[워-터ㄹ멜런]

windmill 풍차

win + d + mill = windmill
[윈]　[드]　[밀]　　[윈드밀]

X x [엑스]

 이렇게 발음해요!

혀끝을 아랫니 뒤에 대고 [엑]을 강하게 소리내요. [스]는 [엑] 다음에 붙여 약하게 소리내요. [엑]과 [스]는 각각 발음하지 않고 자연스럽게 이어서 [엑스]라고 발음해요.

 한번 써 봐요!

대문자

X X X X X X X X X

소문자

X X X X X X X X

62

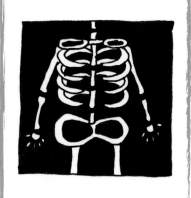

x-ray 엑스레이

x + ray = x-ray
[엑스] [뤠이]   [엑스뤠이]

X-mas 크리스마스

X + mas = X-mas
[크뤼스] [머스]   [크뤼스머스]

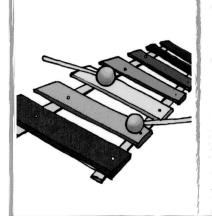

xylophone 실로폰

xy + lo + phone =
[자이] [러]   [풘]

xylophone
   [자일러풘]

Y y [와이]

 이렇게 발음해요!

입술을 둥글게 벌리며 [와]를 강하게 소리내요. [이]는 [와] 다음에 붙여 약하게 소리내요. [와]와 [이]는 각각 발음하지 않고 자연스럽게 이어서 [와이]라고 발음해요.

 한번 써 봐요!

대문자

소문자

yarn 털실

yar + n = yarn

[야-ㄹ] [ㄴ] [야-ㄹ안]

yogurt 요구르트

yo + gur + t = yogurt

[요] [거ㄹ] [트] [요거ㄹ트]

yo-yo 요요 (장난감)

yo + yo = yo-yo

[요] [요] [요요]

Z z [즈-]

 이렇게 발음해요!

아랫니와 윗니를 맞붙인 사이로 내는 소리예요. [쥐]라고 발음하지 않도록 주의해요. [즈이]를 빨리 발음한 것과 같은 소리로 [즈-]라고 강하고 길게 발음해요.

 한번 써 봐요!

 대문자

Z Z Z Z Z Z Z Z Z

 소문자

z z z z z z z z z

zebra 얼룩말

ze + b + ra = zebra
[즤-] [브] [뤄] [즤-브뤄]

zoo 동물원

z + oo = zoo
[즈] [우-] [주-]

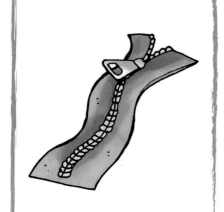

zipper 지퍼

zi + pper = zipper
[즤] [퍼리] [즤퍼리]

● 앞에서 배운 알파벳을 대문자와 소문자로 써 봐요.

대문자 A B C D E F G

대문자 H I J K L M N

대문자 O P Q R S T U

대문자 V W X Y Z

소문자 a b c d e f g h i

소문자 j k l m n o p q r

소문자 s t u v w x y z

Let's Play

● 풍선 바구니로 가는 길을 찾아 봐요!

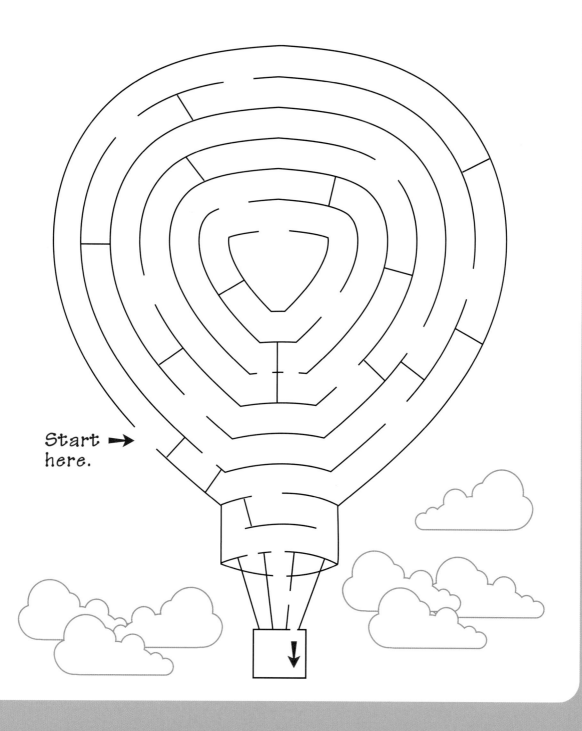

Start here.

2 알파벳 필기체 익히기

여러 가지 모양의 알파벳

영어 알파벳에는 소문자와 대문자가 있어요. 또한 대문자와 소문자에는 각각 필기체가 따로 있어요. 그래서 영어를 배우기 위해서는 알파벳 하나당 네 가지의 모양을 모두 기억해야 해요. 처음에는 헷갈리기 때문에 어렵게 느껴질 거예요. 하지만 계속 읽고 써 보면 네 가지 모양에 금세 익숙해질 수 있답니다.

맨 처음 글자만 대문자를 써요

영어의 알파벳에는 왜 대문자와 소문자가 각각 있을까요? 한국어는 대문자나 소문자 등의 구분이 없기 때문에 같은 글자를 왜 다른 모양으로 쓰는지 이해가 잘 되지 않을 거예요. 영어 문장은 맨 처음 글자를 대문자로 쓰고, 그 이후부터 문단 끝까지 소문자를 쓰기 때문에 대문자, 소문자가 꼭 필요한 거예요.

알파벳의 필기체

그럼 필기체라는 것은 또 무엇일까요? 필기체에는 대문자 필기체와 소문자 필기체가 있어요. 이것은 영어 문장을 쓸 때 빠르고 간편하게 이어서 쓰기 위해 만든 거예요. 필기체로 쓰면 손동작이 훨씬 간편하게 되고, 따라서 빠르게 쓸 수 있게 돼요. 그래서 손으로 영어 문장을 쓸 때 편리하기 위해서 필기체를 쓰게 된 거에요.

앞에서 기본 알파벳 대문자와 소문자의 발음 및 쓰기를 모두 배웠어요. 이번 과에서는 대문자 필기체와 소문자 필기체의 쓰기를 배우도록 해요. 각각의 발음은 기본형과 모두 같아요. 손에 익숙해지도록 또박또박 써 봐요.

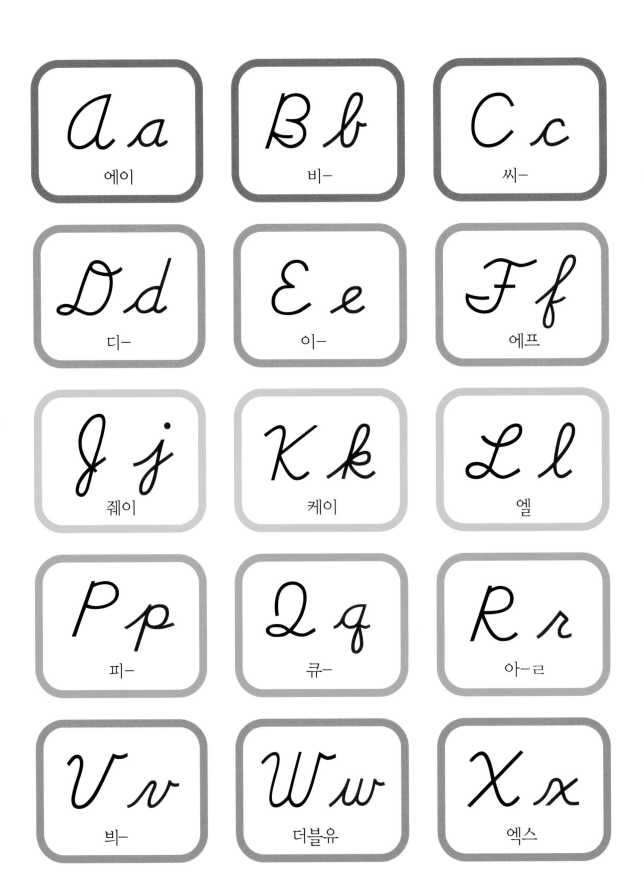

$\mathcal{A}\,a$ 에이	$\mathcal{B}\,b$ 비-	$\mathcal{C}\,c$ 씨-
$\mathcal{D}\,d$ 디-	$\mathcal{E}\,e$ 이-	$\mathcal{F}\,f$ 에프
$\mathcal{J}\,j$ 쉐이	$\mathcal{K}\,k$ 케이	$\mathcal{L}\,l$ 엘
$\mathcal{P}\,p$ 피-	$\mathcal{Q}\,q$ 큐-	$\mathcal{R}\,r$ 아-르
$\mathcal{V}\,v$ 뷔-	$\mathcal{W}\,w$ 더블유	$\mathcal{X}\,x$ 엑스

ALPHABET
알파벳 필기체 그림표

G g 쥐-	*H h* 에이취	*I i* 아이
M m 엠	*N n* 엔	*O o* 오우
S s 에스	*T t* 티-	*U u* 유-
Y y 와이	*Z z* 지-	

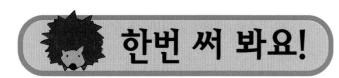
A 𝒶 𝒶 𝒶 𝒶 𝒶 𝒶 𝒶 𝒶 𝒶 𝒶 𝒶

B ℬ ℬ ℬ ℬ ℬ ℬ ℬ ℬ ℬ ℬ ℬ

C 𝒞 𝒞 𝒞 𝒞 𝒞 𝒞 𝒞 𝒞 𝒞 𝒞 𝒞

D 𝒟 𝒟 𝒟 𝒟 𝒟 𝒟 𝒟 𝒟 𝒟 𝒟 𝒟

E ℰ ℰ ℰ ℰ ℰ ℰ ℰ ℰ ℰ ℰ ℰ

F ℱ ℱ ℱ ℱ ℱ ℱ ℱ ℱ ℱ ℱ ℱ

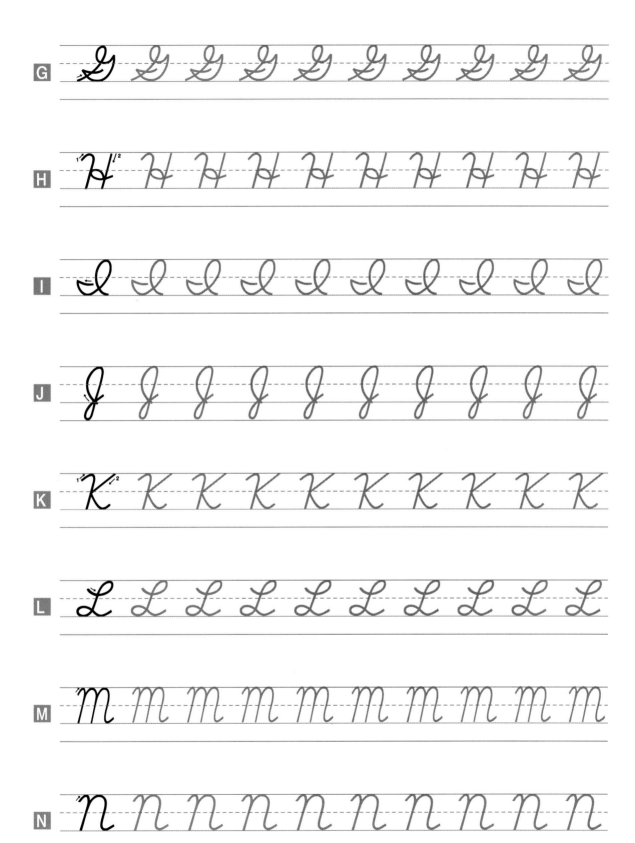

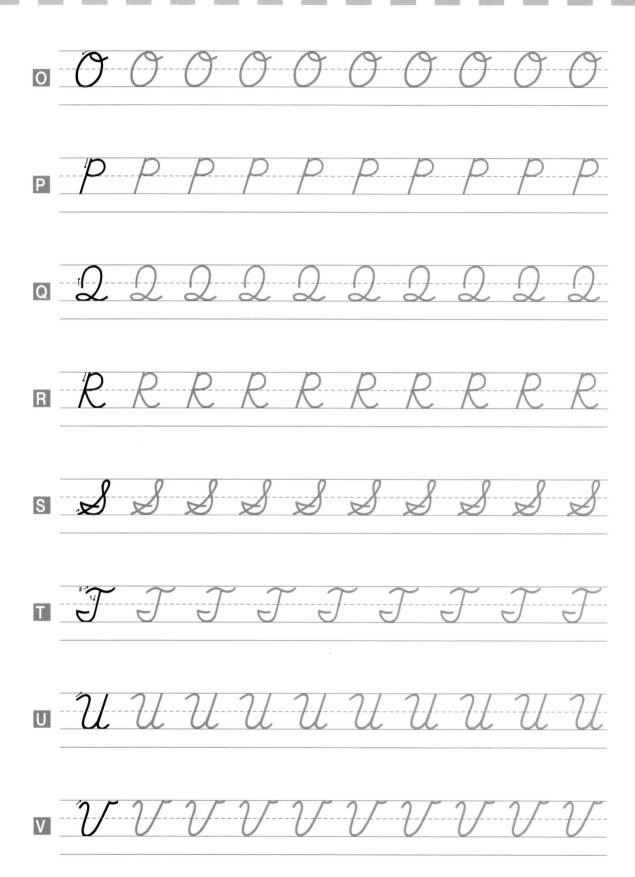

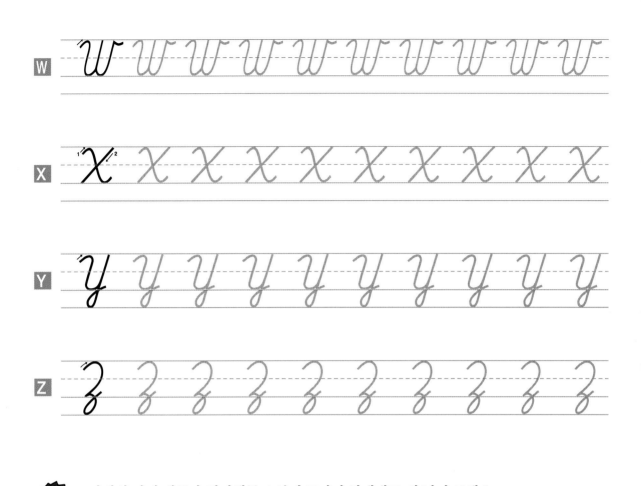

W 𝒲 𝒲 𝒲 𝒲 𝒲 𝒲 𝒲 𝒲 𝒲 𝒲 𝒲

X 𝒳 𝒳 𝒳 𝒳 𝒳 𝒳 𝒳 𝒳 𝒳 𝒳 𝒳

Y 𝒴 𝒴 𝒴 𝒴 𝒴 𝒴 𝒴 𝒴 𝒴 𝒴 𝒴

Z 𝒵 𝒵 𝒵 𝒵 𝒵 𝒵 𝒵 𝒵 𝒵 𝒵 𝒵

아래의 칸에 대문자 필기체를 A부터 Z까지 차례대로 써 넣어 보세요.

a *a a a a a a a a a a a*

b *b b b b b b b b b b b*

c *c c c c c c c c c c c*

d *d d d d d d d d d d d*

e *e e e e e e e e e e e*

f *f f f f f f f f f f f*

g *g g g g g g g g g g g*

h *h h h h h h h h h h*

i *i i i i i i i i i i*

j *j j j j j j j j j j*

k *k k k k k k k k k k*

l *l l l l l l l l l l*

m *m m m m m m m m m m*

n *n n n n n n n n n n*

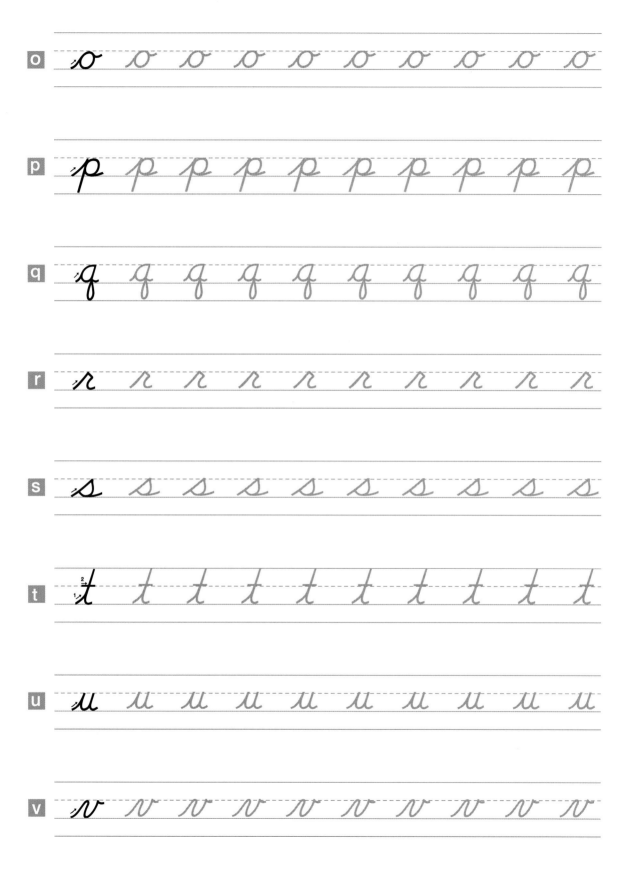

w *w w w w w w w w w w w*

x *x x x x x x x x x x*

y *y y y y y y y y y y*

z *z z z z z z z z z z*

아래의 칸에 소문자 필기체를 a부터 z까지 차례대로 써 넣어 보세요.

a						
				z		

참
잘했어요

● 거미를 찾아 보세요!

Start here.

Let's Play

● 숫자를 순서대로 연결해서 그림을 완성해 보세요!

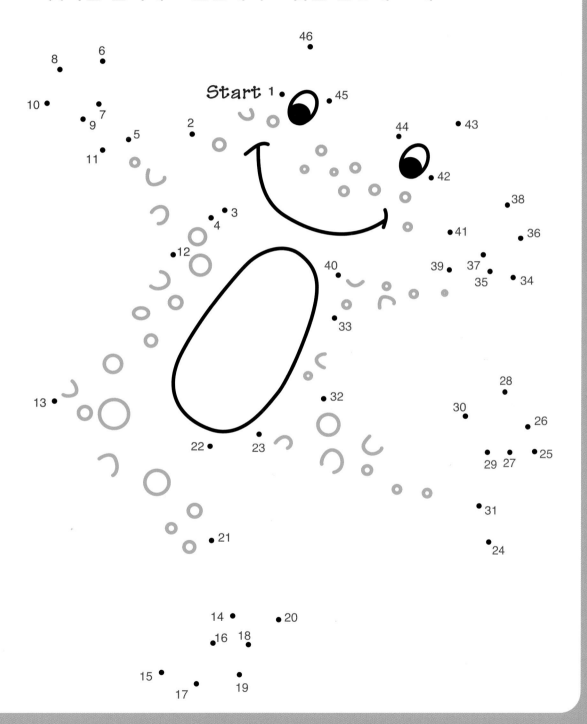

Start

3 발음 기호 익히기

알파벳의 자음과 모음

알파벳에서 자음 역할을 하는 것은 B, C, D, F, G, H, J, K, L, M, N, P, Q, R, S, T, V, W, X, Y, Z 이렇게 21자예요. 그럼 모음에는 어떤 알파벳이 있을까요? A, E, I, O, U 이렇게 5자가 있답니다. 영어의 자음 21자와 모음 5자를 합친 26자를 알파벳이라고 불러요. 앞에서 이미 배웠기 때문에 이제는 모두 외우고 있을 거예요.

영어의 발음기호

26자의 알파벳 중 한 개 이상이 모여서 하나의 영어 단어를 이루어요. 이러한 단어를 읽기 위해서는 일정한 발음 규칙이 필요한데, 이것을 기호로 나타낸 것이 바로 발음기호예요. 알파벳과 발음기호를 혼동하는 경우가 있는데, 알파벳과 발음기호는 다른 거예요.

발음기호를 읽는 법

발음기호와 알파벳의 혼동을 막기 위해서 발음기호는 반드시 괄호 [ ] 안에 표기해요. 예를 들어 say를 발음하고 싶으면 발음기호 [séi]를 읽을 줄 알아야 돼요. [se]는 '쎄'이고 [i]는 '이'로 읽으므로, say는 [쎄이]라고 읽는 거예요.

이렇게 영어 단어를 읽는데 발음기호가 필요해요. 발음기호를 모두 한글로 대입해 읽을 줄 알면 영어를 자유롭게 읽을 수 있답니다. 발음기호를 한글로 읽는 법을 꼭 배우세요!

[a]
아

[æ]
애

[ə]
어

[u]
우

[i]
이

[aː]
아–

[ɔːr]
오–르

[uː]
우–

[iː]
이–

[ei]
에이

[ou]
오우

[ɔi]
오이

[ʌ]
어

[e]
에

[ɔ]
어/오

[aːr]
아-르

[əːr]
어-르

[ɔː]
오-

[ai]
아이

[au]
아우

[ɛər]
에어르

[uər]
우어르

[iər]
이어르

[k]
크

[g]
그

[p]
프

[h]
흐

[f]
프

[v]
브

[r]
르

[θ]
쓰

[ð]
드

[dʒ]
쥐

[m]
므

[n]
느

[b]
브

[t]
트

[d]
드

[s]
스

[z]
즈

[l]
르

[ʃ]
쉬

[ʒ]
쥐

[tʃ]
취

[ŋ]
응

(1) 단모음을 익혀요!

[a] 아

아래턱을 내려 입을 크게 벌리고 입 속에서 [아]하고 소리내요.

pond [pɑnd] 연못

영어 단어	pon + d = pond
발음 기호	[pan] [d] [pand]
한글 읽기	판 드 판드
필 기 체	*pond*

[æ] 애

입술을 좌우로 벌리고 혀끝을 아랫니 뒤쪽에 붙이고 [애]라고 소리내요.

camera [cǽmərə] 사진기

영어 단어	ca + me + ra = camera
발음 기호	[cæ] [mə] [rə] [cæmərə]
한글 읽기	캐 머 뤄 캐머뤄
필 기 체	*camera*

[ə] 어

혀를 밑으로 깔고, 혀끝을 아랫니 뒤쪽에 대며 [어]라고 짧게 발음해요.

banana [bənǽnə] 바나나

영어 단어	ba + na + na = banana
발음 기호	[bə] [næ] [nə] [bənænə]
한글 읽기	버 내 너 버내너
필 기 체	*banana*

[ʌ]
어

[ʌ]는 [ㅓ]보다 입을 위아래로
더 벌리고 [아]와 [어]의
중간 소리를 내요.

bus [bʌs] 버스

영어 단어	bu + s = bus		
발음 기호	[bʌ]	[s]	[bʌs]
한글 읽기	버	스	버스
필 기 체	*bus*		

[e]
에

입술을 가로로 벌리고 입을
조금 열며 [에]라고 발음해요.

leg [leg] 다리

영어 단어	le + g = leg		
발음 기호	[le]	[g]	[leg]
한글 읽기	레	그	레그
필 기 체	*leg*		

[ɔ]
어 / 오

[ɔ]는 [오]와 [어]의 중간음인데,
[어]에 가깝게 발음해요.

oil [ɔ́il] 기름

영어 단어	o + il = oil		
발음 기호	[ɔ]	[il]	[ɔ́il]
한글 읽기	오	일	오일
필 기 체	*oil*		

[u]
우

입술을 동그랗게 앞으로 내밀며
[우]라고 짧게 발음해요.

book [buk] 책

영어 단어	boo + k = book
발음 기호	[bu] [k] [buk]
한글 읽기	부 ㄱ 북
필 기 체	*book*

[i]
이

입을 좌우로 길게 벌리고
[이]라고 짧게 발음해요.

lily [líli] 백합

영어 단어	lil + y = lily
발음 기호	[lil] [i] [lili]
한글 읽기	릴 이 릴리
필 기 체	*lily*

Have a good time.

(2) 장모음을 익혀요!

[aː] 아-

입을 크게 벌려 [아]라고
강하고 길게 발음해요.

papa [páːpə] 아빠

영어 단어	pa + pa = papa
발음 기호	[paː] [pə] [paːpə]
한글 읽기	파- 퍼 파-퍼
필 기 체	*papa*

[aːr] 아-ㄹ

입을 크게 벌리고 [아]라고
강하고 길게 발음하면서
혀끝을 말아올려요.

card [kaːrd] 엽서

영어 단어	car + d = card
발음 기호	[kaːr] [d] [kaːrd]
한글 읽기	카-ㄹ 드 카-ㄹ드
필 기 체	*card*

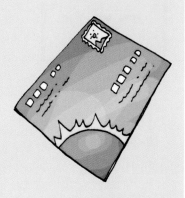

[əːr] 어-ㄹ

입을 조금 벌리고 [어-ㄹ]라고
강하고 길게 발음하면서
혀끝을 말아올려요.

bird [bəːrd] 새

영어 단어	bir + d = bird
발음 기호	[bəːr] [d] [bəːrd]
한글 읽기	버-ㄹ 드 버-ㄹ드
필 기 체	*bird*

[ɔː]

오-

입을 크게 벌리고 [오-]라고 길게 발음해요. 이때 [오]는 [오]와 [어]의 중간음이에요.

ball [bɔːl] 공

영어 단어	ba + ll = ball
발음 기호	[bɔː] [l] [bɔːl]
한글 읽기	보- ㄹ 보-올
필 기 체	*ball*

[ɔːr]

오-ㄹ

[오-]라고 강하고 길게 발음하면서 혀끝을 말아올려요.

fork [fɔːrk] 포크

영어 단어	for + k = fork
발음 기호	[fɔːr] [k] [fɔːrk]
한글 읽기	풔-ㄹ 크 풔-ㄹ크
필 기 체	*fork*

[uː]

우-

입을 둥글게 앞으로 내밀면서 [우-]라고 강하고 길게 발음해요.

moon [muːn] 달

영어 단어	moo + n = moon
발음 기호	[muː] [n] [muːn]
한글 읽기	무- ㄴ 무-운
필 기 체	*moon*

[iː]
이-

입을 크게 벌려 [이]라고
강하고 길게 발음해요.

bee [biː] 벌

영어 단어	b + ee = bee
발음 기호	[b] [iː] [biː]
한글 읽기	ㅂ 이- 비-
필 기 체	*bee*

(3) 이중모음을 익혀요!

[ai]
아이

아래턱을 내려 입을 크게
벌리고 입 속에서
[아]하고 소리내요.

hi [hai] 안녕

영어 단어	h + i = hi
발음 기호	[h] [ai] [hai]
한글 읽기	ㅎ 아이 하이
필 기 체	*hi*

[au]
아우

[아]를 강하게 발음하고 이어서
[우]를 가볍게 붙여 소리내요.

cow [káu]　소

영어 단어	c + ow = cow
발음 기호	[k] [au]　[kau]
한글 읽기	ㅋ 아우　카우
필기체	*cow*

[ɛər]
에어ㄹ

[에]를 강하게 발음하고 이어서
[어]를 가볍게 붙여 소리내면서
혀끝을 위로 말아올려요.

chair [tʃɛ́ər]　의자

영어 단어	ch + air = chair
발음 기호	[tʃ] [ɛər]　[tʃɛər]
한글 읽기	취 에어ㄹ　쉐어ㄹ
필기체	*chair*

[ei]
에이

[에]를 강하게 발음하고 이어서
[이]를 가볍게 붙여 소리내요.

cake [kéik]　케이크

영어 단어	ca + ke = cake
발음 기호	[kei] [k]　[keik]
한글 읽기	케이 크　케이크
필기체	*cake*

[ou]
오우

[오]를 강하게 발음하고 이어서
[우]를 가볍게 붙여 소리내요.

home [hóum] 집

영어 단어	ho + me = home
발음 기호	[hou] [m] [houm]
한글 읽기	호우 ㅁ 호움
필 기 체	*home*

[ɔi]
오이

[오]를 강하게 발음하고 이어서
[이]를 가볍게 붙여 소리내요.

toy [tɔ́i] 장난감

영어 단어	t + oy = toy
발음 기호	[t] [ɔi] [tɔi]
한글 읽기	ㅌ 오이 토이
필 기 체	*toy*

[uər]
우어ㄹ

[우]를 강하게 발음하고 이어서
[어]를 가볍게 붙여 소리내면서
혀끝을 위로 말아올려요.

tour [túər] 여행

영어 단어	t + our = tour
발음 기호	[t] [uər] [tuər]
한글 읽기	ㅌ 우어ㄹ 투어ㄹ
필 기 체	*tour*

[iər]
이어ㄹ

[이]를 강하게 발음하고 이어서
[어]를 가볍게 붙여 소리내면서
혀끝을 말아올려요.

hear [híə*r*] 듣다

영어 단어	h + ear = hear
발음 기호	[h] [iə*r*] [hiə*r*]
한글 읽기	ㅎ 이어ㄹ 히어ㄹ
필 기 체	*hear*

(4) 자음을 익혀요!

한글 발음 표기 [f-프], [r-르], [v-브], [ð-드]를 [p-프], [l-르], [b-브], [d-드]와 구분하기 위해서 [f-프̇], [r-르̇],
[v-브̇], [ð-드̇]로 표기했어요. 한글 표기는 같지만 서로 다른 소리라는 것을 확인하면서 정확하게 읽어 보세요.

[k]
크

아랫니와 윗니를 맞붙이고
그 사이로 [크]를 강하게
발음해요.

king [kiŋ] 왕

영어 단어	k + ing = king
발음 기호	[k] [iŋ] [kiŋ]
한글 읽기	ㅋ 잉 킹
필 기 체	*king*

98

[g]
그

아랫니와 윗니를 맞붙이고
그 사이로 [그]를 강하게
발음해요.

grape [gréip] 포도

영어 단어	g + ra + pe = grape			
발음 기호	[g]	[rei]	[p]	[greip]
한글 읽기	그	뤠이	프	그뤠이프
필 기 체	*grape*			

[p]
프

아랫입술과 윗입술을 붙였다
떼면서 [프]를 강하게 발음해요.

pig [pig] 돼지

영어 단어	pi + g = pig		
발음 기호	[pi]	[g]	[pig]
한글 읽기	피	그	피그
필 기 체	*pig*		

[b]
브

아랫입술과 윗입술을 붙였다
떼면서 [브]를 강하게 발음해요.

bed [bed] 침대

영어 단어	be + d = bed		
발음 기호	[be]	[d]	[bed]
한글 읽기	베	드	베드
필 기 체	*bed*		

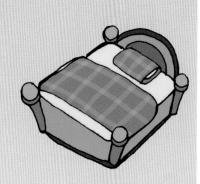

[t]
트

혀끝을 윗니 뒤쪽에 붙였다
떼면서 [트]를 강하게 발음해요.

train [tréin] 기차

영어 단어	t + ra + in = train
발음 기호	[t] [re] [in] [trein]
한글 읽기	트 뤠 인 트뤠인
필기체	*train*

[d]
드

혀끝을 윗니 뒤쪽에 붙였다
떼면서 [드]를 강하게 발음해요.

dolphin [dɔ́lfin] 돌고래

영어 단어	dol + phin = dophin
발음 기호	[dɔl] [fin] [dɔlfin]
한글 읽기	돌 퓐 돌퓐
필기체	*dolphin*

[h]
흐

윗니와 아랫니 사이로 바람을
불어 내면서 [흐]를 강하게
발음해요.

hamburger [hǽmbə̀:rgər] 햄버거

영어 단어	ham + bur + ger = hamburger
발음 기호	[hæm] [bə:r] [gər] [hæmbə:rgər]
한글 읽기	햄 버-ㄹ 거ㄹ 햄버-ㄹ거ㄹ
필기체	*hamburger*

[f]
프

윗니로 아랫 입술을 약간
긁듯이 하며 [프]를 발음해요.
[p]와는 다른 소리에요.

flower [fláuər] 꽃

영어 단어	f + low + er = flower
발음 기호	[f] [lau] [ər] [flauər]
한글 읽기	프 라우 어ㄹ 플라우어ㄹ
필 기 체	*flower*

[v]
브

윗니로 아랫 입술을 약간
긁듯이 하며 [브]를 발음해요.
[b]와는 다른 소리에요.

violin [vàiəlín] 바이올린

영어 단어	vi + o + lin = violin
발음 기호	[vai] [ə] [lin] [vaiəlin]
한글 읽기	봐이 어 린 봐이얼린
필 기 체	*violin*

[s]
스

윗니와 아랫니를 붙인 사이로
바람을 불어내며
[스]를 발음해요.

swim [swim] 수영하다

영어 단어	s + wim = swim
발음 기호	[s] [wim] [swim]
한글 읽기	스 윔 스윔
필 기 체	*swim*

[z]
즈

윗니와 아랫니를 붙인 사이로
바람을 불어내며
[즈]를 발음해요.

zoo [zuː] 동물원

영어 단어	z + oo = zoo
발음 기호	[z] [uː] [zuː]
한글 읽기	ㅈ 우- 주-
필 기 체	*zoo*

[l]
르

혀끝을 입천장에 살짝 대었다
떼며 [르]를 발음해요.

lip [lip] 입술

영어 단어	l + ip = lip
발음 기호	[l] [ip] [lip]
한글 읽기	르 입 립
필 기 체	*lip*

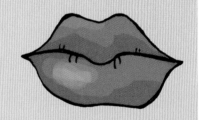

[r]
르

혀끝을 말아 올리며 [르]를
발음해요. [l]과는
다른 소리에요.

rainbow [réinbòu] 무지개

영어 단어	rain + bow = rainbow
발음 기호	[rein] [bou] [reinbou]
한글 읽기	뤠인 보우 뤠인보우
필 기 체	*rainbow*

[θ]
쓰

윗니와 아랫니 사이로
혀를 약간 내밀며 [쓰]에
가깝게 발음해요.

three [θriː] 3

영어 단어	th + ree = three		
발음 기호	[θ]	[riː]	[θriː]
한글 읽기	쓰	뤼-	쓰뤼-
필 기 체	*three*		

[ð]
드

윗니와 아랫니 사이로
혀를 약간 내밀며 [드]에
가까운 소리를 내요.

father [fáːðər] 아버지

영어 단어	fa + ther = father		
발음 기호	[faː]	[ðər]	[faːðər]
한글 읽기	파-	더르	파-더르
필 기 체	*father*		

[ʃ]
쉬

입술을 동그랗게 만들어
공기를 내뿜으며 [쉬]라고
발음해요.

shop [ʃap] 가게

영어 단어	sh + op = shop		
발음 기호	[ʃ]	[ap]	[ʃap]
한글 읽기	쉬	압	샵
필 기 체	*shop*		

[ʒ]
쥐

입술을 동그랗게 만들어
공기를 내뿜으며
[쥐]라고 발음해요.

television [téləvìʒən] 텔레비전

영어 단어	tel + e + vi + sion = television
발음 기호	[tel] [ə] [vi] [ʒən] [teləviʒən]
한글 읽기	텔 리 비 쥔 텔리비쥔
필 기 체	*television*

[tʃ]
취

혀끝을 윗니 뒤쪽에 살짝
대었다 떼면서 [취]라고
발음해요.

cheese [tʃíːz] 치즈

영어 단어	chee + se = cheese
발음 기호	[tʃiː] [z] [tʃiːz]
한글 읽기	취- 즈 취-즈
필 기 체	*cheese*

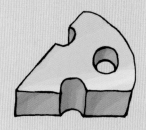

[dʒ]
쥐

혀끝을 윗니 뒤쪽에 살짝 대었다
떼면서 [쥐]라고 발음해요.
[ʒ] 발음과는 약간 달라요.

juice [dʒúːs] 주스

영어 단어	jui + ce = juice
발음 기호	[dʒuː] [s] [dʒuːs]
한글 읽기	주- 스 주-스
필 기 체	*juice*

[m]
므

입술을 붙였다 떼면서 콧소리로
[므]라고 발음해요.

mouth [máuθ] 입

영어 단어	mou + th = mouth
발음 기호	[mau] [θ] [mauθ]
한글 읽기	마우 쓰 마우쓰
필 기 체	*mouth*

---

[n]
느

혀끝을 윗니 뒤쪽에
살짝 대었다 떼면서 콧소리로
[느]라고 발음해요.

nose [nóuz] 코

영어 단어	no + se = nose
발음 기호	[nou] [z] [nouz]
한글 읽기	노우 즈 노우즈
필 기 체	*nose*

[ŋ]
응

콧소리로 [응]이라고 발음해요.

morning [mɔ́ːrniŋ] 아침

영어 단어	mor + ning = morning
발음 기호	[mɔːr] [niŋ] [mɔːrniŋ]
한글 읽기	모-ㄹ 닝 모-ㄹ닝
필 기 체	*morning*

4 악센트와 억양 익히기

영어의 악센트

영어를 소리낼 때 우리말과 다른 점이 있어요. 영어에는 단어 하나하나에 악센트라는 것이 있답니다. 우리말은 학교, 선생님, 친구 등의 단어를 읽을 때 특별히 강하게 소리내는 글자가 없어요. 하지만 영어는 단어 중에 특별히 강하게 소리내는 글자가 있답니다. 강하게 소리내는 부분을 '악센트가 있다'라고 말해요.

단어의 악센트

영어는 단어마다 악센트가 있어요. 따라서 단어를 익힐 때 발음기호에 표시된 악센트를 반드시 확인해야 돼요. 발음기호에 있는 악센트 부호를 보고, 그 표시가 있는 부분을 강하게 읽어야 하기 때문이랍니다. 우리말과 다른 점이므로 처음에는 바르게 읽혀지지 않아요. 그래서 자꾸자꾸 악센트를 넣어서 단어를 읽어 봐야 해요.

문장의 악센트

영어는 단어 안에만 악센트가 있는 것이 아니에요. 문장 전체에도 어느 단어를 유독 강하게 읽어야 되는 규칙이 있어요. 강하게 읽게 되는 단어는 주로 그 문장에서 가장 중요한 단어일 경우가 많아요. 우리도 질문을 할 때에는 끝을 올려 말하지요? 영어도 마찬가지랍니다. 이러한 악센트와 억양에 익숙해져야 영어를 자연스럽게 말할 수 있게 돼요. 조금 어렵지만 '영어 읽기법' 정도로 이해하고 자연스럽게 읽어질 때까지 계속 연습해요.

📢 악센트는 무엇일까요?

악센트가 무엇인지 예를 들어 설명해 볼까요?

학생은 영어로 'student [스튜-든트]' 예요. 이 단어에는 악센트가 'tu [튜-]' 에 있답니다. 따라서 이 단어를 읽을 때 [튜] 부분을 강하게 읽어야 해요. 읽는 소리의 크기를 나타내 보면 [스**튜**-든트]가 된답니다. 이런 점이 영어와 우리말 읽기의 차이점이에요.

▶▶ 다음의 우리말과 영어의 발음을 비교해 보세요.

우리말	영 어
컴퓨터	**computer** [kəmpjúːtər] 컴퓨-터ㄹ
텔레비전	**television** [téləvìʒən] 텔리비죤

여러분은 모두 컴퓨터를 가지고 있죠? 우리말로는 '컴퓨터' 하고 각각의 글자가 모두 비슷하게 발음되죠? 영어로는 어떻게 발음할까요? '컴**퓨**-터ㄹ' 라고 발음한답니다. 텔레비전도 마찬가지예요. 영어로는 '**텔**리비죤' 이라고 발음해요.

단어의 악센트

영어는 단어마다 앞에서 설명한 악센트 부분이 있어요. 따라서 단어를 익힐 때 어느 부분에 악센트가 있는지 꼭 확인해야 돼요. 악센트가 어느 부분에 있는지는 발음기호를 보면 알 수 있어요. 발음기호 중 악센트가 있는 모음 위에 기호 ' ′ '가 붙어 있거든요. 이 기호가 있는 부분이 악센트가 있는 곳이므로 강하게 소리내면 돼요. 그리고 하나 명심할 것은 강세는 항상 모음에 온답니다. 강세가 있는 부분을 잘 살펴보면 알 수 있어요. 따라서 모음이 하나만 있는 짧은 단어는 항상 그 모음에 강세가 오겠죠. 이렇게 짧은 단어는 사전에 강세표시가 없답니다.

영어 단어에 강세가 있는 것처럼 문장을 읽거나 말할 때에도 중요한 단어에 강세를 두어야 한답니다.

> **This is a book.**　　이것은 책이다.

위 문장에서 가장 중요한 단어가 어떤 단어일까요? book이겠죠? 따라서 위 문장을 읽을 때는 '디스 이즈 어 북' 처럼 읽는 것이 아니라 '디스 이즈 어 **북**' 처럼 book이란 단어를 강하게 발음한답니다.

또한 영어로 질문을 할 때는 끝을 올려 읽어요. 이 점은 우리말과 비슷해요. 우리말도 뭔가 질문을 할 때에는 끝을 올려 읽고 기호 '?'을 문장 끝에 쓰지요? 영어도 이와 똑같답니다. 따라서 질문이 아닌 말의 경우는 끝을 내려 읽지만 질문을 할 때에는 끝을 올려 말하는 것을 꼭 기억해 두세요.

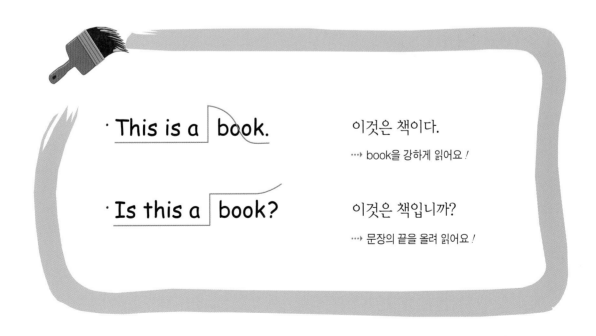

· This is a ⌐book.　　이것은 책이다.
　　　　　　　　　　⋯▸ book을 강하게 읽어요 !

· Is this a ⌐book?　　이것은 책입니까?
　　　　　　　　　　⋯▸ 문장의 끝을 올려 읽어요 !

Let's Play

● 야구공을 찾아 보세요!

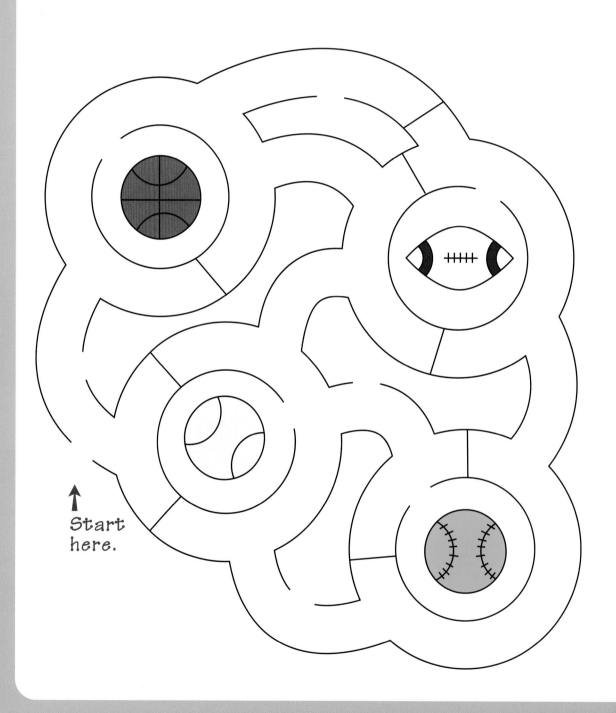

Start
here.

Let's Play

● 숫자를 순서대로 연결해서 그림을 완성해 보세요!

5 영어 단어 익히기

알파벳이 모이면 영어단어가 돼요.

알파벳이 모여서 영어 단어가 되고, 영어 단어가 모여서 영어 문장이 되는
거예요. 알파벳과 발음기호를 모두 배웠으니까 이제 어떤 단어를 배워도 읽
고 쓸 수 있을 거예요. 영어에는 수많은 단어가 있지만 우선 우리 주변에서
자주 접하는 쉬운 단어부터 하나씩 알아보도록 해요. 이제 어떤 단어도 자신
있게 읽을 수 있겠죠?

모든 단어 상자 안에는 😣, 🙂, 😄의 마스코트가 있어요.
모르는 단어는 😣에 ✓표시하고, 단어를 다 공부했으면 🙂에 ✓표시해요.
그리고 단어를 다 외웠으면 😄에 ✓표시하세요.
그러면 나중에 모르는 단어만 다시 공부할 수 있어요.

다음 순서대로 영어 단어를 공부해 보세요.

- 영어 단어의 종류를 알고 싶어요! 114
- 나, 너, 그리고 우리 (I, You, and We) 120
- 우리 가족 (Family) 121
- 나의 얼굴 (Face) 122
- 나의 몸 (Body) 123
- 우리 집 (House) 124
- 예쁜 옷 (Clothes) 126
- 맛있는 식료품 (Food) 127
- 과일과 야채 (Fruit & Vegetables) 128
- 계절과 달 (Seasons & Months) 129

- 자연과 날씨 (Nature & Weather) 130
- 방향과 지역 (Directions & Area) 132
- 색의 나라 (Color) 133
- 신나는 동물원 (Zoo) 134
- 곤충 나라 (Insects) 136
- 바다의 세계 (Sea) 138
- 띠띠빵빵 교통수단 (Transportation) 140
- 신나는 학교 생활 (School life) 142
- 숫자 나라 (Number) 143

★★

영어 단어의 종류를 알고 싶어요!

① 명사와 대명사 (Noun and Pronoun)

명사는 사람, 장소, 사물, 동물, 식물 등의 이름을 말해요. 지금까지 이 책에서 접한 대부분의 단어들이 명사였어요. 여러분들 주위에서 가장 많이 접하는 단어랍니다. 대명사는 명사를 대신하는 말로 명사와 비슷하지만 약간의 차이가 있어요. 대명사에는 사람을 부를 때 쓰는 '인칭대명사'와 사물을 가리킬 때 쓰는 '지시대명사', 무엇인가를 물을 때 사용하는 '의문사' 등이 있어요. 하나하나 익혀 보도록 해요.

명사에는 어떤 것이 있나요?

- **Tom** [탐]   탐   ⋯⋯▶ 사람을 가리키는 명사.

- **park** [파-ㄹ크]   공원   ⋯⋯▶ 장소를 가리키는 명사.

- **plane** [플레인]   비행기   ⋯⋯▶ 사물을 가리키는 명사.

- **dog** [독]   개   ⋯⋯▶ 동물을 가리키는 명사.

- **rose** [뤄우즈]   장미   ⋯⋯▶ 식물을 가리키는 명사.

인칭대명사가 궁금해요!

I [아이 / 나] : 언제나 대문자로 써요. 이 점 꼭 기억해 둬요!

you [유- / 너, 당신, 너희들, 당신들] : you는 한 사람에게도 쓰고 두 사람이나
그 이상에도 써요.

- **he** [히-]   그   · **she** [쉬-]   그녀

- **we** [위-]   우리   · **they** [데이]   그들

- **it** [잇]   그것

★★

114

- **I am Tom.** 나는 탐이야.
  아이 엠 탐

- **He is Mike.** 그는 마이크야.
  히- 이즈 마이크

지시대명사를 알고 싶어요!

- **this** [디스] 이것
- **that** [댓] 저것
- **these** [디-즈] 이것들
- **those** [도우즈] 저것들

- **This is a book.** 이것은 책이야.
  디스 이즈 어 북

- **That is a computer.** 저것은 컴퓨터야.
  댓 이즈 어 컴퓨-터ㄹ

의문사는 뭐예요?

- **who** [후-] 누구 ┄▶ 의문대명사
- **what** [왓] 무엇 ┄▶ 의문대명사
- **where** [웨어ㄹ] 어디에 ┄▶ 의문부사
- **when** [웬] 언제 ┄▶ 의문부사
- **how** [하우] 어떻게 ┄▶ 의문부사

- **Who are you?** 너 누구니?
  후- 아ㄹ 유-

- **What is this?** 이거 뭐야?
  왓 이즈 디스

115

② 관사 (Article)

'이것은 책이야.' 라고 말할 때 영어로는 'This is a book.'이라고 해요. 여기에서 book 앞에 쓰인 'a'를 관사라 해요. 관사는 명사 앞에 붙여서 명사의 수나 상태를 나타내요. 관사에는 부정관사와 정관사가 있답니다. 관사의 종류와 쓰임이 많지 않기 때문에 여기에 소개된 것만 알고 있어도 영어를 잘 할 수 있어요.

부정관사가 뭐예요?

부정관사에는 a와 an이 있어요. 부정관사는 어떤 명사를 상대방에게 처음 소개할 때 사용하고 '하나' 라는 의미가 있답니다. 자음 앞에는 a, 모음 앞에는 an을 써요. 모음 앞에 an을 쓰는 이유는 발음 때문에 그렇답니다.

- **This is a book.**
  디스 이즈 어 북

  이것은 책이야.
  ('This is book.'이란 말은 자연스럽지 못해요.)

- **This is an apple.**
  디스 이즈 언 애플

  이것은 사과야.
  (a apple보다 an apple이 발음하기 편하죠?)

정관사가 궁금해요!

정관사는 이미 나온 명사를 가리키는 말이에요. 명사 앞에 'the'를 쓴답니다. 나도 알고 너도 아는 경우라면 반드시 명사 앞에 정관사 'the'를 붙여요.

- **The book is mine.**
  더 북 이즈 마인

  그 책은 나의 것이야.

- **The apple is big.**
  디 애플 이즈 빅

  그 사과는 커.

③ 동사와 조동사 (Verb and Auxiliary verb)

동사는 사람이나 사물의 행동이나 움직임 등을 설명하는 말이에요. 그래서 동사는 문장의 서술어가 된답니다. 영어에서는 동사가 없으면 문장이 완성되지 않아요. 우리나라 말은 동사가 문장 제일 끝에 오지만, 영어는 주어 다음에 바로 동사가 와요. 의문문과 명령문을 만들 때에만 문장 맨 앞에 동사가 오게 돼요. 동사를 많이 알면 표현하고 싶은 행동과 동작을 자유롭게 영어 문장으로 만들 수 있어 좋아요. 조동사는 동사의 뜻을 돕는 말이에요. 조동사는 동사 앞에 놓이게 돼요. 문장에서 아주 중요한 역할을 하므로 알아두면 좋아요.

동사에는 어떤 것이 있어요?

- run [뤈]   달리다
- study [스터디]   공부하다

- go [고우]   가다
- like [라이크]   좋아하다

조동사가 궁금해요!

- can [캔]   ~할 수 있다
- must [머스트]   ~해야 한다
- will [윌]   ~할 것이다
- may [메이]   ~해도 좋다

┈▶ can go [캔 고우] 갈 수 있다
┈▶ must go [머스트 고우] 가야 한다
┈▶ will go [윌 고우] 갈 것이다
┈▶ may go [메이 고우] 가도 좋다

④ 형용사 (Adjective)

형용사는 사람이나 사물의 형태, 상태, 성질 등을 묘사하는 말이에요. 형용사는 주로 명사를 설명하는 말로 많이 쓰이지만, 우리나라 말에서는 문장에서 자주 서술어가 되기 때문에 동사와 혼동하기 쉬워요. 하지만 영어에서는 형용사만으로는 서술어가 될 수 없답니다. 동사는 사람이나 사물의 움직임을 설명하는 말이라는 것만 확실히 기억해 두면 형용사와 혼동되지 않을 거예요. 형용사를 많이 알고 있으면 여러 가지 상황을 영어로 풍부하게 설명할 수 있어 좋아요.

형용사에는 어떤 것이 있어요?

· big [빅]	큰	· small [스몰]	작은
· good [굿]	좋은	· happy [해피]	행복한
· kind [카인드]	친절한	· pretty [프뤼티]	예쁜
· dark [다-ㄹ크]	어두운	· sorry [쏘-뤼]	미안한

- The apple is big.   그 사과는 큽니다.
  디   애플 이즈 빅

- It is a big apple.   그것은 큰 사과입니다.
  잇 이즈 어 빅   애플

⑤ 부사 (Adverb)

부사는 형용사, 동사를 꾸며 주는 말이에요. 가끔 부사만으로도 어떤 뜻을 표현할 수 있어요. 뜻이 형용사와 비슷하지만, 꾸며 주는 말이 다르기 때문에 잘 구분할 수 있어요.

부사에는 어떤 것이 있어요?

· slowly [슬로우리]	천천히	···→ go slowly [고우 슬로우리]	천천히 가다
· early [얼-리]	일찍	···→ go early [고우 얼-리]	일찍 가다
· hard [하-ㄹ드]	열심히	···→ study hard [스터디 하-ㄹ드]	열심히 공부하다
· very [붸뤼]	매우	···→ very good [붸뤼 굿]	매우 좋은

6 접속사 (Conjunction)

접속사는 단어와 단어, 또는 문장과 문장을 이어 줄 때 필요한 말이에요. 우리말에서 찾아 보면 '그리고, 그러나, 그렇지만, 그러므로……' 등이에요. 이러한 접속사를 많이 알면 단어나 문장을 연결할 때 쓸 수 있어 좋아요.

접속사의 종류를 알고 싶어요!

- and [앤드]　　그리고
- or [오어ㄹ]　　또는
- because [비코-즈]　때문에

- but [벗]　　그러나
- so [쏘우]　　그래서

- You and I are friends.　　너와 난 친구야.
  유-　 앤드 아이 아ㄹ　 프렌즈

7 전치사 (Preposition)

전치사는 주로 명사 앞에 오는데, 그 뜻을 알아 두면 전치사가 문장에서 어떤 역할을 하는지 알 수 있을 거예요. 전치사의 종류와 뜻을 익히면 영어 문장을 만들 때 좋아요.

전치사의 종류가 궁금해요!

- on [온]　　　~위에　　⋯▶ on the table [온 더 테이블] 탁자 위에
- in [인]　　　~안에　　⋯▶ in the room [인 더 룸] 방 안에
- to [투]　　　~로　　　⋯▶ to the park [투 더 파-ㄹ크] 공원으로
- after [애프터ㄹ]　~한 후에　⋯▶ after school [애프터ㄹ 스쿨-] 학교를 마친 후에
- with [위드]　　~와 함께　⋯▶ with my sister [위드 마이 씨스터ㄹ] 나의 누나와 함께

I

you

we

he

she

they

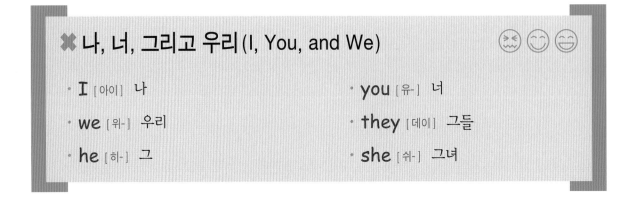

✖ 나, 너, 그리고 우리 (I, You, and We) ☺ ☺ ☺

- I [아이] 나
- we [위-] 우리
- he [히-] 그

- you [유-] 너
- they [데이] 그들
- she [쉬-] 그녀

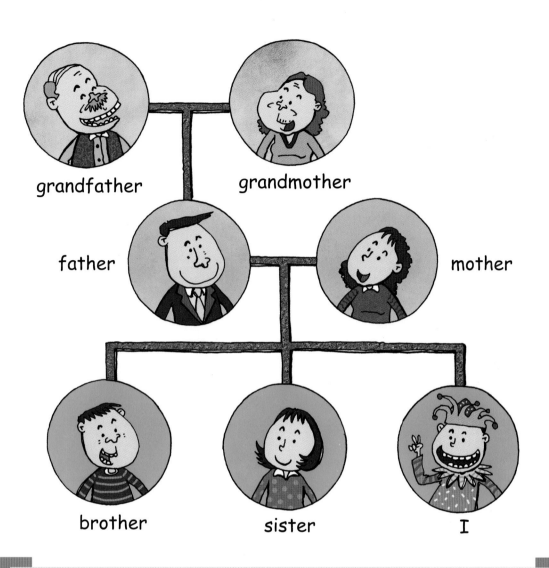

grandfather

grandmother

father

mother

brother

sister

I

✖ 우리 가족 (Family) ⊗ ☺ 😄

- grandfather [그뤤드퐈-더ㄹ] 할아버지
- grandmother [그뤤드머더ㄹ] 할머니
- father [퐈-더ㄹ] 아버지
- mother [머더ㄹ] 어머니
- husband [허즈번드] 남편
- wife [와이프] 아내
- son [썬] 아들
- daughter [도-터ㄹ] 딸
- sister [씨스터ㄹ] 여자형제
- brother [브뤄더ㄹ] 남자형제
- baby [베이비] 아기

forehead
ear
nose
mouth
eyebrow
eye
eyelash
hair
tooth
tongue
lip
chin
cheek

✖ 나의 얼굴(Face) 😣 😊 😄

- **face** [풰이스] 얼굴
- **forehead** [풔-ㄹ헤드] 이마
- **eyebrow** [아이브롸우] 눈썹
- **nose** [노우즈] 코
- **lip** [립] 입술
- **tongue** [텅] 혀
- **cheek** [췈-] 뺨

- **hair** [헤어ㄹ] 머리카락
- **eye** [아이] 눈
- **eyelash** [아이래쉬] 속눈썹
- **mouth** [마우쓰] 입
- **tooth** [투-쓰] 이
- **ear** [이어ㄹ] 귀
- **chin** [췬] 턱

122

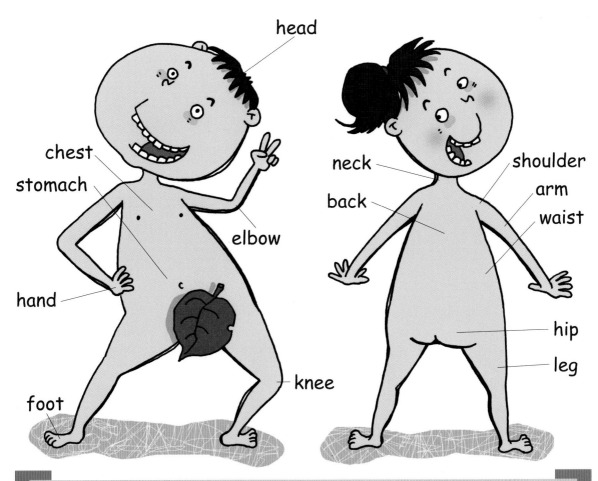

✖ 나의 몸(Body)

- head [헤드] 머리
- shoulder [쇼울더ㄹ] 어깨
- stomach [스터먹] 배
- waist [웨이스트] 허리
- arm [암-] 팔
- hand [핸드] 손
- leg [레그] 다리
- foot [풋] 발

- neck [넥] 목
- chest [췌스트] 가슴
- back [백] 등
- hip [힙] 엉덩이
- elbow [엘보우] 팔꿈치
- finger [핑거ㄹ] 손가락
- knee [나-] 무릎
- toe [토우-] 발가락

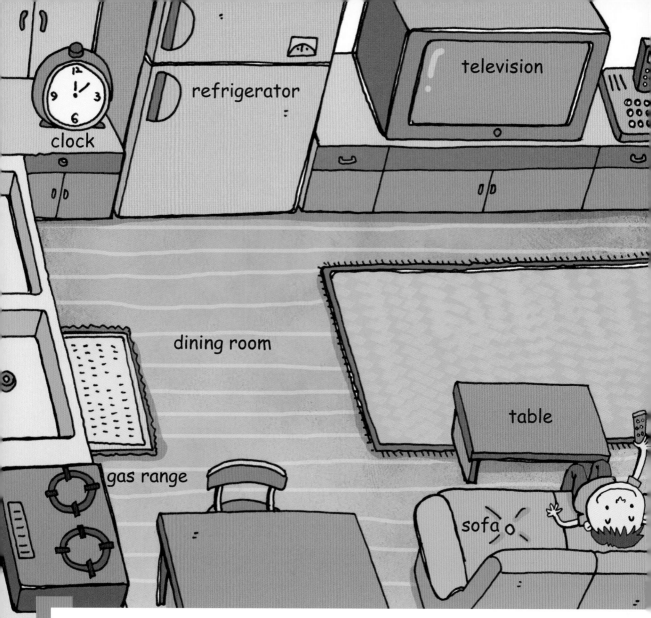

clock

refrigerator

television

dining room

table

gas range

sofa

✖ 우리 집 (House)

- **house** [하우스] 집
- **curtain** [커-ㄹ튼] 커튼
- **table** [테이블] 테이블
- **dining room** [다이닝 룸] 식당
- **refrigerator** [뤼프뤼저뤠이터ㄹ] 냉장고
- **clock** [클락] 시계

- **chimney** [췸니] 굴뚝
- **living room** [리빙 룸] 거실
- **sofa** [소우풔] 소파
- **gas range** [개스 뤠인쥐] 가스레인지
- **television** [텔리비줜] 텔레비전
- **telephone** [텔러풔운] 전화

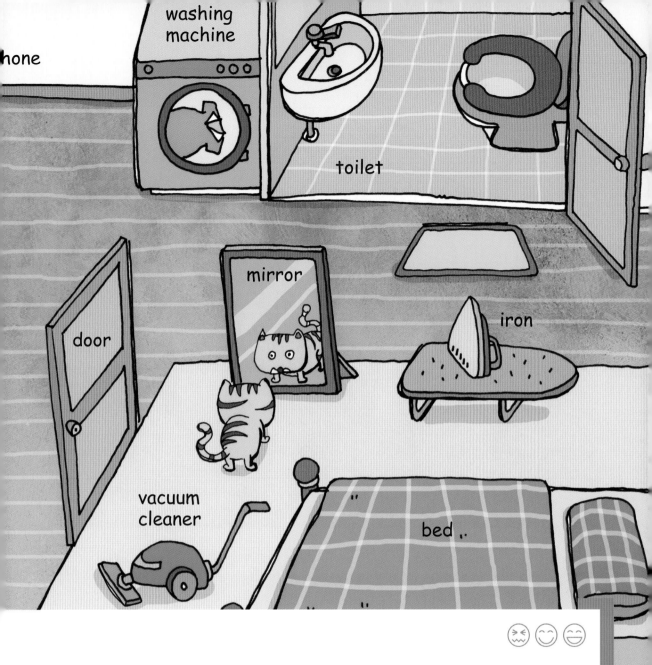

washing
machine

hone

toilet

mirror

iron

door

vacuum
cleaner

bed

- **room** [룸] 방
- **door** [도어ㄹ] 문
- **washing machine** [워싱 머쉰-] 세탁기
- **mirror** [미뤄ㄹ] 거울
- **towel** [타월] 수건
- **vacuum cleaner** [배큠- 클리-너ㄹ] 진공청소기

- **bed** [베드] 침대
- **window** [윈도우] 창문
- **iron** [아이언] 다리미
- **toilet** [토일릿] 화장실
- **soap** [소우프] 비누

✖ 예쁜 옷(Clothes)

- **clothes** [클로우즈] 옷
- **coat** [코우트] 코트
- **dress shirt** [드뤠스 셔ㄹ-트] 와이셔츠
- **pants** [팬츠] 바지
- **shorts** [쇼-ㄹ츠] 반바지
- **necktie** [넥타이] 넥타이
- **pajamas** [퍼좌머즈] 잠옷

- **jacket** [줴킷] 자킷
- **T-shirt** [티-셔-ㄹ트] 티셔츠
- **vest** [뷔스트] 조끼
- **blue jeans** [블루-쥔-스] 청바지
- **skirt** [스커-ㄹ트] 치마
- **socks** [싹스] 양말
- **raincoat** [뤠인코우트] 비옷

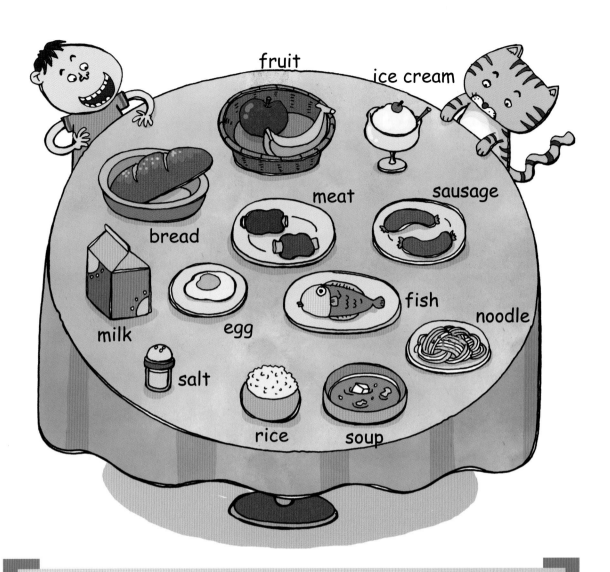

fruit
ice cream
meat
sausage
bread
fish
noodle
milk
egg
salt
rice
soup

✖ 맛있는 식료품(Food)

- **rice** [롸이스] 쌀
- **soup** [숩-] 국
- **bread** [브뤠드] 빵
- **meat** [미-트] 고기
- **sausage** [쏘-시쥐] 소시지
- **fish** [퓌쉬] 생선
- **noodle** [누-들] 국수
- **milk** [밀크] 우유
- **egg** [에그] 계란
- **oil** [오일] 기름
- **salt** [쏠-트] 소금
- **sugar** [슈거ㄹ] 설탕
- **ice cream** [아이스 크륌] 아이스크림
- **drink** [드륑크] 음료
- **vegetables** [붸쥐터블즈] 채소
- **fruit** [프룻-] 과일

127

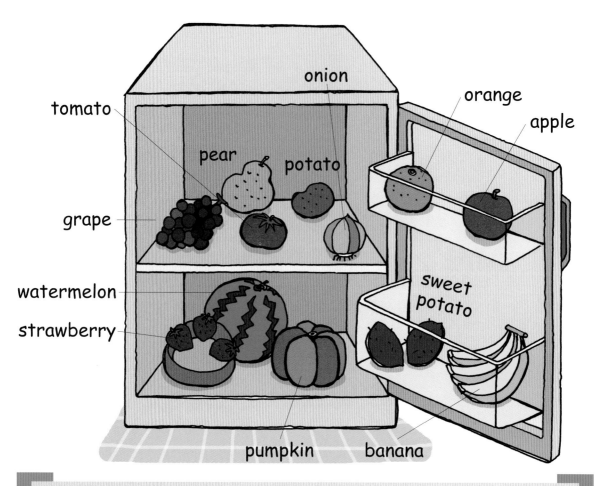

tomato
onion
orange
apple
pear
potato
grape
watermelon
sweet potato
strawberry
pumpkin
banana

✖ 과일과 야채 (Fruit & Vegetables) 😣 😊 😄

- **apple** [애플] 사과
- **orange** [오-륀쥐] 오렌지
- **grape** [그뤠이프] 포도
- **banana** [버내너] 바나나
- **tomato** [터메이토우] 토마토
- **potato** [퍼테이토우] 감자
- **cucumber** [큐-컴버ㄹ] 오이
- **onion** [어니언] 양파

- **pear** [페어ㄹ] 배
- **peach** [피-취] 복숭아
- **strawberry** [스트뤄베뤼] 딸기
- **watermelon** [워-터ㄹ멜런] 수박
- **sweet potato** [스윗- 퍼테이토우] 고구마
- **carrot** [캐뤗] 당근
- **pumpkin** [펌프킨] 호박

spring

March	3월
April	4월
May	5월

summer

June	6월
July	7월
August	8월

autumn

September	9월
October	10월
November	11월

winter

December	12월
January	1월
February	2월

❌ 계절과 달 (Seasons & Months) >< 😊 😄

- spring [스프링] 봄
- March [마-ㄹ취] 3월
- April [에이프릴] 4월
- May [메이] 5월
- autumn [오-텀] 가을
- September [쎕템버ㄹ] 9월
- October [악토우버ㄹ] 10월
- November [노우뷈버ㄹ] 11월

- summer [써머ㄹ] 여름
- June [준-] 6월
- July [줄-라이] 7월
- August [오-거스트] 8월
- winter [윈터ㄹ] 겨울
- December [디쎔버ㄹ] 12월
- January [쮀뉴에뤼] 1월
- February [풰브뤄뤼] 2월

✖ 자연과 날씨 (Nature & Weather)

- **sky** [스카이] 하늘
- **moon** [문-] 달
- **rain** [뤠인] 비
- **thunder** [썬더ㄹ] 천둥
- **rainbow** [뤠인보우] 무지개

- **sun** [썬] 해
- **star** [스타-ㄹ] 별
- **snow** [스노우] 눈
- **lightning** [라이트닝] 번개

tning

star

cloud

moon

snow

mountain

ee

river

- **cloud** [클라우드] 구름
- **tree** [트뤼-] 나무
- **sea** [씨-] 바다
- **wind** [윈드] 바람

- **mountain** [마운턴] 산
- **flower** [플라우어ㄹ] 꽃
- **river** [뤼붜ㄹ] 강
- **fog** [포그] 안개

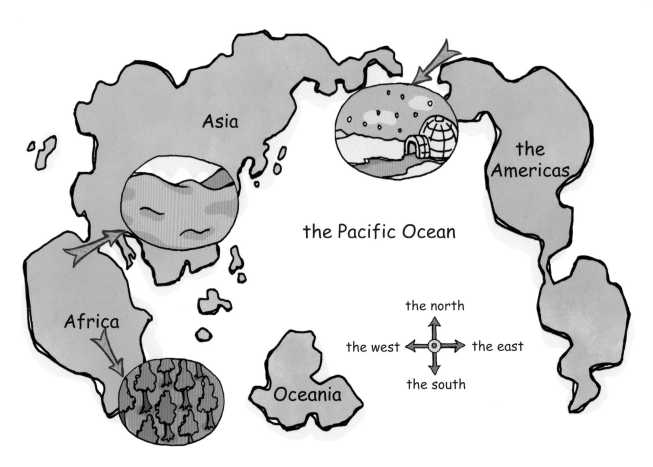

Asia

the Americas

the Pacific Ocean

Africa

Oceania

the north

the west the east

the south

✖ 방향과 지역 (Directions & Area)   >< ☺ 😄

- the east [디 이-스트] 동쪽
- the west [더 웨스트] 서쪽
- the south [더 싸우쓰] 남쪽
- the north [더 노-르쓰] 북쪽
- the North Pole [더 노-르쓰 포울] 북극
- the South Pole [더 싸우쓰 포울] 남극
- desert [데저르트] 사막
- the tropics [더 트롸픽스] 열대지역
- Asia [에이셔] 아시아
- Africa [애프뤼커] 아프리카
- the Americas [디 어메뤼커즈] 아메리카
- Oceania [오우쉬애니어] 오세아니아
- the Pacific Ocean [더 퍼씨픽 오우션] 태평양
- the Atlantic Ocean [디 애틀랜틱 오우션] 대서양
- the Indian Ocean [디 인디언 오우션] 인도양

132

✳ 색의 나라 (Color)

- **color** [컬러ㄹ] 색
- **black** [블랙] 검은색
- **red** [뤠드] 빨간색
- **yellow** [옐로우] 노란색
- **blue** [블루-] 파란색
- **pink** [핑크] 분홍색
- **brown** [브뢰운] 갈색

- **white** [화이트] 흰색
- **gray** [그뤠이] 회색
- **orange** [오-뤈쥐] 주황색
- **green** [그륀-] 녹색
- **sky blue** [스카이 블루-] 하늘색
- **purple** [퍼ㄹ플] 보라색
- **beige** [베이쥐] 베이지색

snake
elephant
giraffe
bear
penguin

✖ 신나는 동물원(Zoo)

- lion [라이언] 사자
- horse [호-ㄹ스] 말
- sheep [쉽-] 양
- wolf [울프] 늑대
- rabbit [뤠빗] 토끼
- bird [버ㄹ드] 새
- tiger [타이거ㄹ] 호랑이
- bear [베어ㄹ] 곰
- goat [고우트] 염소
- fox [퐉스] 여우
- squirrel [스쿼륄] 다람쥐
- penguin [펭귄] 펭귄

tiger

lion

bird

squirrel

crocodile

camel

- leopard [레퍼ㄹ드] 표범
- giraffe [쥐뤠프] 기린
- pig [피그] 돼지
- dog [독] 개
- koala [코우알-러] 코알라
- crocodile [크롹커다일] 악어

- elephant [엘러풘트] 코끼리
- camel [캐멀] 낙타
- raccoon [뤠쿤-] 너구리
- cat [캣] 고양이
- kangaroo [캥거루-] 캥거루
- snake [스네이크] 뱀

honeybee

dragonfly

butterfly

mantis

✖ 곤충 나라 (Insects)

- **insect** [인섹트] 곤충
- **worm** [웜-] 벌레
- **ant** [앤트] 개미
- **earthworm** [어-ㄹ쓰웜-] 지렁이

- **dragonfly** [드뤠건플라이] 잠자리
- **beetle** [비-틀] 딱정벌레
- **spider** [스파이더ㄹ] 거미

snail

spider

beetle

earthworm

- **butterfly** [버터ㄹ플라이] 나비
- **fly** [플라이] 파리
- **mantis** [맨티스] 사마귀

- **honeybee** [허니비-] 꿀벌
- **mosquito** [머스키-토우] 모기
- **snail** [스네일] 달팽이

dolphin

shark

crab

shrimp

shell

✖ 바다의 세계 (Sea)

- **dolphin** [달퓐] 돌고래
- **fish** [퓌쉬] 물고기
- **octopus** [악터퍼스] 문어
- **shellfish** [쉘퓌쉬] 조개

- **whale** [웨일] 고래
- **tuna** [튜-너] 참치
- **squid** [스퀴드] 오징어
- **shrimp** [슈륌프] 새우

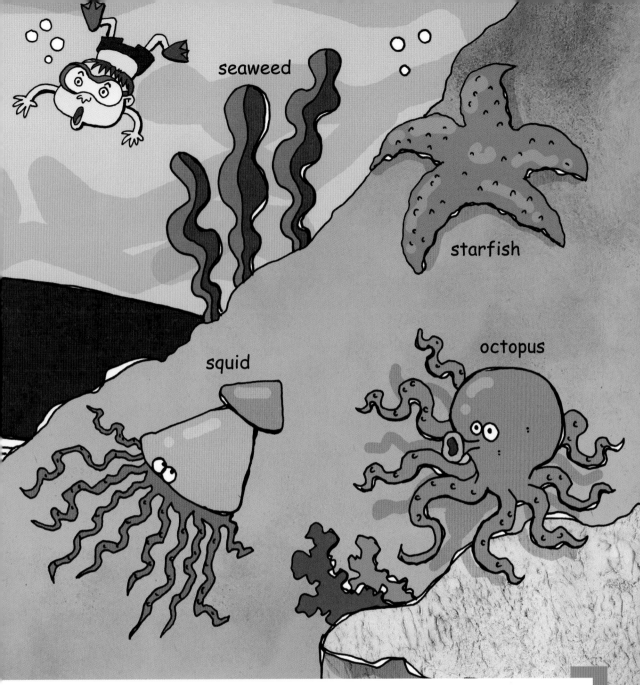

seaweed

starfish

squid

octopus

- **shark** [샤-ㄹ크] 상어
- **salmon** [쌔먼] 연어
- **crab** [크랩] 게
- **starfish** [스타-ㄹ퓌쉬] 불가사리
- **goldfish** [고울드퓌쉬] 금붕어
- **lobster** [롭스터ㄹ] 바다가재
- **seaweed** [씨-위-드] 해초

139

✖ 띠띠빵빵 교통수단(Transportation)

- car [카ㄹ] 자동차
- taxi [택시] 택시
- ambulance [앰뷸런스] 구급차
- bicycle [바이씨클] 자전거
- bus [버스] 버스
- truck [트뤅] 트럭
- fire engine [퐈이어ㄹ 엔쥔] 소방차
- motorcycle [모우터ㄹ싸이클] 오토바이

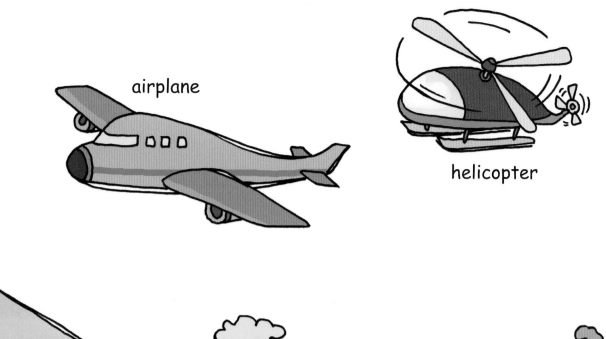

airplane

helicopter

boat

submarine

- **train** [트뤠인] 기차
- **airplane** [에어ㄹ플레인] 비행기
- **boat** [보우트] 배

- **subway** [서브웨이] 지하철
- **helicopter** [헬리캅터ㄹ] 헬리콥터
- **submarine** [서브머륀] 잠수함

✖ 신나는 학교 생활 (School Life)

- **school** [스쿨-] 학교
- **friend** [프렌드] 친구
- **desk** [데스크] 책상
- **school life** [스쿨- 라이프] 학교생활
- **homework** [호움워-ㄹ크] 숙제
- **classroom** [클래스룸] 교실
- **student** [스튜-든트] 학생
- **lesson** [레슨] 수업
- **chair** [췌어ㄹ] 의자
- **teacher** [티-춰ㄹ] 선생님
- **library** [라이브뤄뤼] 도서관
- **restroom** [뤠스트룸] 화장실
- **class** [클래스] 학급
- **test** [테스트] 시험
- **note** [노우트] 공책

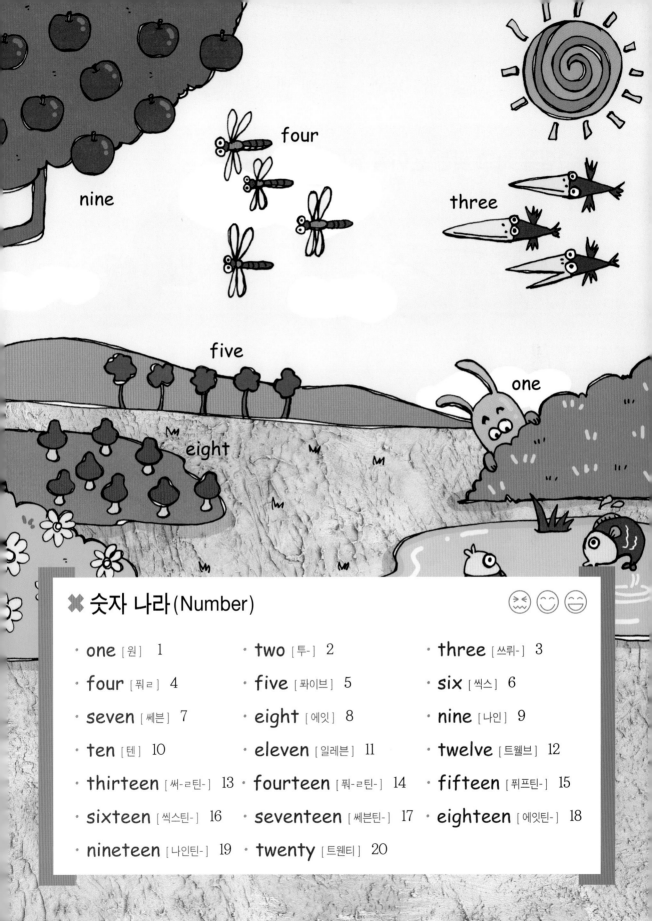

four

nine

three

five

one

eight

�֎ 숫자 나라 (Number)

- one [원] 1
- two [투-] 2
- three [쓰뤼-] 3
- four [풔ㄹ] 4
- five [파이브] 5
- six [씩스] 6
- seven [쎄븐] 7
- eight [에잇] 8
- nine [나인] 9
- ten [텐] 10
- eleven [일레븐] 11
- twelve [트웰브] 12
- thirteen [써-ㄹ틴-] 13
- fourteen [풔-ㄹ틴-] 14
- fifteen [퓌프틴-] 15
- sixteen [씩스틴-] 16
- seventeen [쎄븐틴-] 17
- eighteen [에잇틴-] 18
- nineteen [나인틴-] 19
- twenty [트웬티] 20

Let's Study

● 그림을 보고 맞는 단어를 영어로 써 봐요!

1.

(   )

2.

(   )

3.

(   )

4.

(   )

5.

(   )

6.

(   )

정답 1) airplane 2) apple 3) bear 4) flower 5) house 6) scissors

● 생쥐가 치즈를 찾을 수 있게 도와 주세요!

Start here. ↓

6 영어 문장 익히기

영어 문장의 순서

알파벳이 모여서 영어 단어가 되고, 영어 단어가 모여서 영어 문장이 되는 거예요. 일단 주어, 목적어, 보어, 동사 정도만 알아도 간단한 영어 문장을 만들 수 있답니다. 꼭 기억해 두어야 할 점은 영어 문장은 우리말과 순서가 다르다는 거예요. 쉬운 문장에서 자신감이 생기면 더 복잡하고 어려운 영어 문장에도 도전해 봐요.

영어는 우리말과 이렇게 달라요!

● 주어 + 동사 ···➤ 나는 달린다. ···➤ I run.
　　　　　　　　　　주어　동사　　　　주어 동사

주어 : 문장의 주인이 되는 단어예요. 그러므로 이 문장에서 주어는 '나'예요.

동사 : 동사는 사람이나 동물의 행동을 나타내는 단어예요. 이 문장에서는 '달린다'가 주어가 한 행동이지요? 따라서 동사는 '달린다'가 되는 거예요.

● 주어 + 동사 + 보어 ⋯ 나는 학생 이다. ⋯ I am a student.
                        주어 보어 동사   주어 동사 보어

영어 문장의 특징 : 영어 문장에서는 동사가 주어 다음에 와요. 우리말에서는 동사가 맨
                끝에 오죠? 동사가 오는 자리가 다르다는 것을 꼭 기억해 둬야 해요.
보어 : 주어에 대한 설명을 보충해 주는 단어를 말해요. 이 문장에서 보어는 '학생'이에요.

● 주어 + 동사 + 목적어 ⋯ 나는 바나나를 좋아해요. ⋯ I like bananas.
                        주어 목적어 동사   주어 동사 목적어

목적어 : '나는 좋아해요.' 라고 말한다면 무엇을 좋아한다는 것인지 궁금하겠지요? 이렇
        게 '무엇을'에 해당하는 단어를 목적어라고 해요. 이 문장에서 나는 바나나를 좋
        아하니까 목적어는 '바나나'가 되는 거예요.

이제부터 영어 문장을 익혀봐요. 우리말과 어떻게 다른지 비교해가면서 큰 소리로 따라
읽어봐요.

1 나는 누구일까?

'나는 ~입니다'는 영어로 'I am~'이라고 해요. 이 문장에서 '나'는 주어예요. 영어는 주어 다음에 동사가 바로 나온답니다. 이 문장에 쓰인 동사 'am'은 'be동사'라고 해요. be동사는 'I'와 함께 쓰이면 'am'으로 모양이 바뀌게 돼요. 이 표현만 알아도 나에 대해서 여러 가지를 표현할 수 있어요.

□ **I am a boy.**
  아이 엠 어 보이

  나는 소년이에요.

□ **I am nine.**
  아이 엠 나인

  나는 아홉 살이에요.

□ **I am a student.**
  아이 엠 어 스튜-든(트)

  나는 학생이에요.

□ **I am Tom.**
  아이 엠 탐

  나는 탐이에요.

□ **I am strong.**
  아이 엠 스트롱-

  나는 튼튼해요.

✱단어가 쑥쑥!

· I   나
· boy   소년
· nine   아홉 / 9
· student   학생
· a   하나의 / 어떤
· am   ~은[는] ~이다
       / ~이[가] ~있다
· Tom   탐(사람 이름)
· strong   강한 / 튼튼한

□ **I am tall.**
아이 엠 톨-

나는 키가 커요.

□ **I am happy.**
아이 엠 해피

나는 행복해요.

□ **I am hungry.**
아이 엠 헝그뤼

나는 배가 고파요.

□ **I am sleepy.**
아이 엠 슬리-피

나는 졸려요.

· tall 키가 큰
· happy 행복한
· hungry 배고픈
· sleepy 졸린

● 우리말에 해당하는 영어표현을 쓰세요.

확인

1. 나는 아홉 살이에요.

┈▸ _____

2. 나는 학생이에요.

┈▸ _____

3. 나는 튼튼해요.

┈▸ _____

4. 나는 키가 커요.

┈▸ _____

5. 나는 배가 고파요.

┈▸ _____

정답 1) I am nine. 2) I am a student. 3) I am strong. 4) I am tall. 5) I am hungry.

2 그녀를 소개할게!

'그녀는 ~입니다'는 영어로 'She is~'라고 해요. 'she'는 '그 여자 / 그 여자애 / 그녀'라는 뜻이에요. 내가 설명하려는 누군가가 여자이면 모두 'she'로 나타낼 수 있어요. 이 문장에 쓰인 동사 'is'는 'be동사'라고 해요. be동사는 'she'와 함께 쓰이면 'is'로 모양이 바뀌게 돼요. 이 표현만 알아도 여러 가지를 말할 수 있어요.

□ **She is my mom.**
쉬- 이즈 마이 맘

그녀는 나의 엄마예요.

□ **She is forty.**
쉬- 이즈 풔-ㄹ티

그녀는 40살이에요.

□ **She is a doctor.**
쉬- 이즈 어 닥터ㄹ

그녀는 의사예요.

□ **She is Jane.**
쉬- 이즈 줴인

그녀는 제인이에요.

□ **She is fat.**
쉬- 이즈 퓃

그녀는 뚱뚱해요.

＊단어가 쑥쑥!

· she 그녀 / 그 여자
　　　　/ 그 여자애
· is ~이[가] ~이다 /
　　　~은[는] ~있다
· my 나의
· mom 엄마
· forty 40 / 마흔
· doctor 의사
· Jane 제인 (사람 이름)
· fat 뚱뚱한

□ **She is short.**　　　　그녀는 키가 작아요.
　　쉬-　이즈　쇼-르트

□ **She is kind.**　　　　그녀는 친절해요.
　　쉬-　이즈　카인드

□ **She is beautiful.**　　그녀는 아름다워요.
　　쉬-　이즈　뷰-티풜

□ **She is angry.**　　　　그녀는 화났어요.
　　쉬-　이즈　앵그뤼

● 우리말에 해당하는 영어표현을 쓰세요.

확인

1. 그녀는 나의 엄마예요.

····▶ _____

2. 그녀는 제인이에요.

····▶ _____

3. 그녀는 키가 작아요.

····▶ _____

4. 그녀는 친절해요.

····▶ _____

5. 그녀는 아름다워요.

····▶ _____

정답　1) She is my mom.　2) She is Jane.　3) She is short.　4) She is kind.　5) She is beautiful.

3. 그를 소개할게!

'그는 ~입니다'는 영어로 'He is~'라고 해요. 'he'는 '그 / 그 남자애 / 그 남자'라는 뜻이에요. 내가 설명하려는 누군가가 남자이면 모두 'he'로 나타낼 수 있어요. 이 문장에 쓰인 동사 'is'는 'be동사'라고 해요. be동사는 'he'와 함께 쓰이면 'is'로 모양이 바뀌게 돼요. 이 표현만 알아도 여러 가지를 말할 수 있어요.

He is weak.

□ **He is my father.**   그는 나의 아빠예요.
히- 이즈 마이 퐈-더ㄹ

□ **He is forty-three.**   그는 마흔 세 살이에요.
히- 이즈 풔-ㄹ티 쓰뤼-

□ **He is a teacher.**   그는 선생님이에요.
히- 이즈 어 티-춰ㄹ

□ **He is Michael.**   그는 마이클이에요.
히- 이즈 마이클

□ **He is brave.**   그는 용감해요.
히- 이즈 브뤠이브

＊단어가 쑥쑥!

· He   그 / 그 남자
       / 그 남자애
· father   아빠 / 아버지
· forty-three   43 /
          마흔 셋
· Michael   마이클
        (사람 이름)
· brave   용감한

□ **He is nice.**
히- 이즈 나이스

그는 멋있어요.

□ **He is handsome.**
히- 이즈 핸썸

그는 미남이에요.

□ **He is tired.**
히- 이즈 타이어ㄹ드

그는 피곤해요.

□ **He is weak.**
히- 이즈 위-크

그는 약해요.

● 우리말에 해당하는 영어표현을 쓰세요.

확인

1. 그는 나의 아빠예요.

⋯▶ _____

2. 그는 마흔 세 살이에요.

⋯▶ _____

3. 그는 용감해요.

⋯▶ _____

4. 그는 멋있어요.

⋯▶ _____

5. 그는 피곤해요.

⋯▶ _____

정답 1) He is my father. 2) He is forty-three. 3) He is brave. 4) He is nice. 5) He is tired.

4. 나는 그것이 아니야!

'나는 ~아니에요/~않아요'는 영어로 'I am not~'라고 해요. be동사 다음에 'not'을 쓰면 무엇인가를 부정하는 말이 돼요. 'He is not~'은 '그는 ~아니에요 / ~않아요'라는 뜻이고, 'She is not~'은 '그녀는 ~아니에요 / ~않아요'라는 뜻이에요. 이렇게 무엇인가를 부정하고 싶으면 'not'을 동사 다음에 쓰면 된답니다.

I am not a girl.

□ **I am not a girl.**　　　　나는 소녀가 아니에요.
　아이 엠　　낫 어 걸-

□ **I am not eight.**　　　　나는 여덟 살이 아니에요.
　아이 엠　　낫　　에잇

□ **I am not a singer.**　　　나는 가수가 아니에요.
　아이 엠　　낫 어　싱어ㄹ

□ **He is not young.**　　　　그는 젊지 않아요.
　히- 이즈 낫　　영

□ **He is not my grandfather.**
　히- 이즈 낫　마이　　그뤤드퐈-더ㄹ

그는 나의 할아버지가 아니에요.

154

□ **He is not sick.**
히- 이즈 낫 씩

그는 아프지 않아요.

□ **She is not tall.**
쉬- 이즈 낫 톨-

그녀는 키가 크지 않아요.

□ **She is not hungry.**
쉬- 이즈 낫 헝그뤼

그녀는 배고프지 않아요.

□ **She is not sleepy.**
쉬- 이즈 낫 슬리-피

그녀는 졸리지 않아요.

● 우리말에 해당하는 영어표현을 쓰세요.

확인

1. 나는 가수가 아니에요.

⋯▶ _____

2. 그는 나의 할아버지가 아니에요.

⋯▶ _____

3. 그는 젊지 않아요.

⋯▶ _____

4. 그녀는 크지 않아요.

⋯▶ _____

5. 그녀는 배고프지 않아요.

⋯▶ _____

정답
1) I am not a singer. 2) He is not my grandfather. 3) He is not young. 4) She is not tall.
5) She is not hungry.

5. 우리 서로 인사하자!

우리말처럼 영어에도 여러 인사말이 있어요. 가까운 친구에게 쓰는 간단한 인사말부터 어른에게 쓰는 정중한 표현까지 다양하게 있어요. 특히 아침, 점심, 저녁에 쓰는 인사말이 다르니까 때에 맞게 골라 써야 돼요. 헤어질 때에도 여러 표현이 있으니까 잘 배워서 직접 활용해 봐요. 자, 여러 가지 인사말을 해 볼까요?

Have a good time.

□ **Hi.**
　하이
　　　　　　　　　　안녕.

□ **Hello.**
　헬로우
　　　　　　　　　　안녕하세요.

□ **How are you?**
　하우　아-ㄹ　유
　　　　　　　　　　안녕하세요?

□ **Good morning, Tom.**
　굿　　모-ㄹ닝　　탐
　　　　　　　　　　안녕, 탐 [오전]

□ **Good afternoon, Tom.**
　굿　　애프터ㄹ눈-　　탐
　　　　　　　　　　안녕, 탐 [오후]

✳ 단어가 쑥쑥!

· Hi　안녕 (친구에게 쓰는
　　　　인사말)
· Hello　안녕하세요
　　　　 / 여보세요
· how　어떻게 / 얼마나
· good　좋은
· morning　아침
· afternoon　오후

156

□ **Good evening, Tom.**   안녕, 탐 [저녁]
　 굿　　　이-브닝　　　탐

□ **Good night, Jane.**   잘 자요, 제인
　 굿　　　나잇　　　쮀인

□ **See you tomorrow.**   내일 봐요.
　 씨-　유-　　투머-뤄우

□ **Have a good time.**   좋은 시간 되세요.
　 해브　어　굿　　타임

※ **단어가 쏙쏙!**

· evening 저녁
· night 저녁 / 밤
· see 보다
· you 너 / 당신
· tomorrow 내일
· have 가지다 / 먹다
· time 시간

● 우리말에 해당하는 영어표현을 쓰세요.

🍎 확인

1. 안녕.

···▶ _____

2. 안녕하세요.

···▶ _____

3. 안녕, 탐. (오후)

···▶ _____

4. 내일 봐요.

···▶ _____

5. 좋은 시간 되세요.

···▶ _____

정답   1) Hi. 2) Hello. 3) Good afternoon, Tom. 4) See you tomorrow. 5) Have a good time.

6. 난 너에 대해 알고 싶어!

누군가를 만나면 궁금한 것이 많지요? '너 ~이니?' 혹은 '당신은 ~입니까?'라는 말은 영어로 'Are you~?'라고 하면 돼요. 'Are you~?'라고 누군가 물어 오면 'Yes, I am. (응, 맞아. / 예, 맞습니다.)'이나 'No, I'm not. (아니야. / 아닙니다.)'라고 대답하면 돼요. 생활하면서 자주 쓰니까 잘 익혀 두세요.

□ **Are you Katie?**　　　너 케이티니?
　아-르　유-　케이티

□ **Are you an actor?**　　너 배우니?
　아-르　유-　언　액터ㄹ

□ **Are you ten?**　　　　너 열 살이니?
　아-르　유-　텐

□ **Are you ready?**　　　너 준비됐니?
　아-르　유-　뤠디

□ **Are you sad?**　　　　너 슬프니?
　아-르　유-　새드

□ **Are you bored?**   너 지루하니?
아-ㄹ 유- 보-ㄹ드

□ **Are you scared?**   너 겁나니?
아-ㄹ 유- 스케어ㄹ드

□ **Are you sure?**   너 확실하니?
아-ㄹ 유- 슈어ㄹ

□ **Are you from Japan?**   너 일본에서 왔니?
아-ㄹ 유- 프림 줴팬

● 우리말에 해당하는 영어표현을 쓰세요.

확인

1. 너 케이티니?

····▶ _____

2. 너 열 살이니?

····▶ _____

3. 너 준비됐니?

····▶ _____

4. 너 지루하니?

····▶ _____

5. 너 일본에서 왔니?

····▶ _____

정답   1) Are you Katie?   2) Are you ten?   3) Are you ready?   4) Are you bored?   5) Are you from Japan?

7. 나는 우리 가족이 좋아!

누군가를 좋아한다는 표현은 영어로 어떻게 하면 될까요? '나는 ~이[가] 좋아요'라고 말하고 싶을 때는 영어로 'I like~'라고 하면 돼요. 'like' 다음에는 좋아하는 것을 넣어 말하면 돼요. 내가 좋아하는 사람을 넣을 때, he는 him으로, she는 her로 형태를 바꿔서 넣어야 해요. 이 점을 꼭 기억해 둬요.

I like my father.

□ **I like my grandmother.** 나는 나의 할머니가 좋아.
아이 라이크 마이 그뤤드머더ㄹ

□ **I like my father.** 나는 나의 아빠가 좋아.
아이 라이크 마이 퐈-더ㄹ

□ **I like my mother.** 나는 나의 엄마가 좋아.
아이 라이크 마이 머더ㄹ

□ **I like my sister.** 나는 나의 누나[언니/여동생]가 좋아.
아이 라이크 마이 씨스터ㄹ

□ **I like my brother.** 나는 나의 형[오빠/남동생]이 좋아.
아이 라이크 마이 브뤄더ㄹ

※ **단어가 쑥쑥!**

· like 좋아하다
· grandmother 할머니
· mother 엄마 / 어머니
· sister 누나 / 언니
  / 여동생
· brother 형 / 오빠
  / 남동생

□ **I like my family.**
아이 라이크 마이 풰밀리

나는 나의 가족이 좋아.

□ **I like him.**
아이 라이크 힘

나는 그를 좋아해.

□ **I like her.**
아이 라이크 허-ㄹ

나는 그녀를 좋아해.

□ **I like you.**
아이 라이크 유-

나는 너를 좋아해.

＊단어가 쓱쓱!

· family 가족
· him 그를 / 그 남자를
        / 그 남자애를
· her 그녀를 / 그 여자를
        / 그 여자애를
· you 너를 / 당신을

● 우리말에 해당하는 영어표현을 쓰세요.

확인

1. 나는 나의 할머니가 좋아.

···▶ _____

2. 나는 나의 언니가 좋아.

···▶ _____

3. 나는 나의 오빠가 좋아.

···▶ _____

4. 나는 그녀를 좋아해.

···▶ _____

5. 나는 너를 좋아해.

···▶ _____

정답 1) I like my grandmother. 2) I like my sister. 3) I like my brother. 4) I like her. 5) I like you.

8. 난 그게 싫어!

무엇인가를 싫어한다는 표현은 영어로 어떻게 하면 될까요? '나는 ~이[가] 싫어요'라고 말하고 싶을 때는 영어로 'I do not like~'라고 하면 돼요. 'do not like' 뒤에 싫어하는 것을 넣어 말하면 돼요. 줄여서 don't like로 쓰기도 해요. 내가 싫어하는 사람을 넣을 때, he는 him으로, she는 her로 형태를 바꿔서 넣어야 해요.

□ **I do not like milk.**
아이 두 낫 라이크 밀크

난 우유가 싫어요.

□ **I do not like apples.**
아이 두 낫 라이크 애플즈

난 사과가 싫어요.

□ **I do not like bananas.**
아이 두 낫 라이크   버내너즈

난 바나나가 싫어요.

□ **I do not like girls.**
아이 두 낫 라이크 걸즈

난 여자애들이 싫어요.

□ **I do not like winter.**
아이 두 낫 라이크   윈터ㄹ

난 겨울이 싫어요.

※ 단어가 쑥쑥!

· **do not** ~ 아니다
· **milk** 우유
· **apples** 사과 (apple의 복수형이에요.)
· **bananas** 바나나 (banana의 복수형이에요.)
· **girls** 여자애들 (girl의 복수형이에요.)
· **winter** 겨울

□ **I do not like July.**　　　난 7월이 싫어요.
　아이　두　낫　라이크　줄라이

□ **I do not like homework.**　난 숙제가 싫어요.
　아이　두　낫　라이크　　홈워-ㄹ크

□ **I do not like television.**　난 텔레비전이 싫어요.
　아이　두　낫　라이크　　텔리븨줜

□ **I do not like snakes.**　　난 뱀이 싫어요.
　아이　두　낫　라이크　스네이크즈

● 우리말에 해당하는 영어표현을 쓰세요.　　확인

1. 나는 우유가 싫어요.

　┅▶ _____

2. 나는 여자애들이 싫어요.

　┅▶ _____

3. 나는 겨울이 싫어요.

　┅▶ _____

4. 나는 7월이 싫어요.

　┅▶ _____

5. 나는 숙제가 싫어요.

　┅▶ _____

5) I do not like homework.
1) I do not like milk.　2) I do not like girls.　3) I do not like winter.　4) I do not like July.　**정답**

9. 너 나 좋아해?

친구에게 무엇인가를 좋아하냐고 묻고 싶을 때 영어로 어떻게 하면 될까요? '너는 ~좋아해?'라고 말하고 싶을 때는 영어로 'Do you like~?'라고 하면 돼요. 이런 질문을 받으면 'Yes, I do. (응, 맞아. / 예, 맞습니다.)' 또는 'No, I don't. (아니야. / 아닙니다.)'라고 대답하면 된답니다. don't는 'do not'의 줄임말이에요.

□ **Do you like me?**
두 유- 라이크 미

너 나 좋아해?

□ **Do you like her?**
두 유- 라이크 허-ㄹ

너 그녀를 좋아해?

□ **Do you like him?**
두 유- 라이크 힘

너 그를 좋아해?

□ **Do you like ice cream?**
두 유- 라이크 아이스 크림

너 아이스크림 좋아해?

□ **Do you like baseball?**
두 유- 라이크 베이스볼-

너 야구 좋아해?

✻ 단어가 쑥쑥!

· me   나를
· her   그녀를 / 그 여자를
       / 그 여자애를
· him   그를 / 그 남자를
        / 그 남자애를
· ice cream   아이스크림
· baseball   야구

□ **Do you like bubble gum?** 너 풍선껌 좋아해?
   두 유- 라이크   버블 껌

□ **Do you like cats?** 너 고양이 좋아해?
   두 유- 라이크 캣츠

□ **Do you like dogs?** 너 개 좋아해?
   두 유- 라이크 독스

□ **Do you like bears?** 너 곰 좋아?
   두 유- 라이크 베어ㄹ스

● 우리말에 해당하는 영어표현을 쓰세요.

확인

1. 너 나 좋아해?

   ⋯▶ _____

2. 너 아이스크림 좋아해?

   ⋯▶ _____

3. 너 야구 좋아해?

   ⋯▶ _____

4. 너 풍선껌 좋아해?

   ⋯▶ _____

5. 너 곰 좋아해?

   ⋯▶ _____

5) Do you like bears?
정답 1) Do you like me? 2) Do you like ice cream? 3) Do you like baseball? 4) Do you like bubble gum?

10. 난 할 수 있어.

무엇인가를 할 수 있다는 말은 영어로 어떻게 하면 될까요? '나는 ~을[를] 할 수 있어'라고 말하고 싶을 때는 영어로 'I can~'이라고 하면 된답니다. 'can'은 조동사라고 해요. 조동사는 동사 앞에 와서 동사의 뜻을 돕는 역할을 해요. 여기서 'can'은 조동사로 동사 앞에 오고 '~할 수 있는'이라는 뜻을 나타내요.

□ **I can play the piano.** 나는 피아노를 칠 수 있어.
  아이 캔 플레이 더 피애노우

□ **I can play the violin.** 나는 바이올린을 칠 수 있어.
  아이 캔 플레이 더 봐이얼린

□ **I can play soccer.** 나는 축구를 할 수 있어.
  아이 캔 플레이 싸커ㄹ

□ **I can speak English.** 나는 영어를 말할 수 있어.
  아이 캔 스피-크 잉글리쉬

□ **I can read English.** 나는 영어를 읽을 수 있어.
  아이 캔 뤼-드 잉글리쉬

＊단어가 쏙쏙!

· can ~할 수 있는
· play 놀다 / 게임하다
       / 연주하다
· the 그
· piano 피아노
· violin 바이올린
· soccer 축구
· speak 말하다
· English 영어
· read 읽다

166

☐ **I can write in English.** 나는 영어를 쓸 수 있어.
아이 캔 롸잇 인 잉글리쉬

☐ **I can swim.** 나는 수영할 수 있어.
아이 캔 스윔

☐ **I can do this.** 나는 이것을 할 수 있어.
아이 캔 두 디스

☐ **I can help you.** 나는 너를 도울 수 있어.
아이 캔 헬프 유-

● 우리말에 해당하는 영어표현을 쓰세요.   확인

1. 나는 피아노를 칠 수 있어.

···▶ _____

2. 나는 영어를 말할 수 있어.

···▶ _____

3. 나는 영어를 쓸 수 있어.

···▶ _____

4. 나는 수영을 할 수 있어.

···▶ _____

5. 나는 너를 도울 수 있어.

···▶ _____

정답 1) I can play the piano.   2) I can speak English.   3) I can write in English.   4) I can swim.
5) I can help you.

11. 나는 그것을 못해.

무엇인가를 할 수 없다는 말은 영어로 어떻게 하면 될까요? '나는 ~을[를] 못해'라고 말하고 싶을 때는 영어로 I can't~라고 하면 된답니다. can't는 '~할 수 없는'이라는 뜻으로 'cannot'의 줄임말이에요. 영어는 이렇게 줄임말을 많이 써요. 줄임말이 나올 때마다 꼭 익히고 넘어가도록 해요.

□ **I can't play the guitar.**
아이 캔트 플레이 더 기타-ㄹ

나는 기타를 치지 못해.

□ **I can't play the cello.**
아이 캔트 플레이 더 첼로우

나는 첼로를 치지 못해.

□ **I can't play basketball.**
아이 캔트 플레이 배스킷볼-

나는 농구를 하지 못해.

□ **She can't read a book.**
쉬- 캔트 뤼-드 어 북

그녀는 책을 읽지 못해.

□ **She can't speak Korean.**
쉬- 캔트 스피-크 커뤼언

그녀는 한국말을 하지 못해.

✷단어가 쑥쑥!

· guitar 기타
· cello 첼로
· basketball 농구
· Korean 한국어
· book 책

□ **She can't write a novel.** 그녀는 소설을 쓰지 못해.
　　쉬-　　캔트　　라잇　어　나블

□ **He can't fly.** 　　　　　　그는 날지 못해.
　　히-　　캔트　플라이

□ **He can't do that.** 　　　그는 저것을 못해.
　　히-　　캔트　두　댓

□ **He can't help them.** 　　그는 그들을 돕지 못해.
　　히-　　캔트　헬프　뎀

✛✛✛✛✛✛✛✛✛✛✛✛✛✛✛✛✛✛✛✛✛✛✛✛✛✛✛✛✛✛✛✛

● 우리말에 해당하는 영어표현을 쓰세요.　　　　확인

1. 나는 기타를 치지 못해.

　⋯▶ _____

2. 그녀는 책을 읽지 못해.

　⋯▶ _____

3. 그녀는 소설을 쓰지 못해.

　⋯▶ _____

4. 그는 날지 못해.

　⋯▶ _____

5. 그는 그들을 돕지 못해.

　⋯▶ _____

정답　1) I can't play the guitar.　2) She can't read a book.　3) She can't write a novel.　4) He can't fly.
5) He can't help them.

12. 그것을 할 수 있어?

무엇인가를 할 수 있냐고 묻는 말은 영어로 어떻게 하면 될까요? '너는 ~을[를] 할 수 있니?'라고 말하고 싶을 때는 영어로 'Can you~?'라고 하면 된답니다. 묻는 상대가 친구가 아니라 다른 사람이라면 you 대신에 남자는 he, 여자는 she, 그들이면 they, 우리면 we로 바꿔 쓰기만 하면 돼요.

Can you join us?

□ **Can you go to the park?** 너 공원에 갈 수 있니?
　캔　유-　고우 투　더　파-ㄹ크

□ **Can you join us?**　너 우리와 함께 할 수 있니?
　캔　유-　조인 어스

□ **Can you tell me?**　너 나에게 말할 수 있니?
　캔　유-　텔　미

□ **Can you try it?**　너 그것을 해 볼 수 있니?
　캔　유-　트롸이 잇

□ **Can you come to our house?**
　캔　유-　컴　투 아우어-ㄹ 하우스
　너 우리 집에 올 수 있니?

□ **Can you believe this?**   너 이것을 믿을 수 있니?
　　캔　유-　빌리-브　디스

□ **Can he sing a song?**   그는 노래할 수 있니?
　　캔　히-　씽　어　쏭

□ **Can they help him?**   그들은 그를 도울 수 있니?
　　캔　데이　헬프　힘

□ **Can she wash the dishes?**
　　캔　쉬-　워쉬　더　디쉬즈

그녀는 설거지할 수 있니?

● 우리말에 해당하는 영어표현을 쓰세요.   확인

1. 너 우리 집에 올 수 있니?

····▶ _____

2. 너 나에게 말할 수 있니?

····▶ _____

3. 너 이것을 믿을 수 있니?

····▶ _____

4. 그녀는 설거지할 수 있니?

····▶ _____

5. 그들은 그를 도울 수 있니?

····▶ _____

13. 지금 몇 시야?

지금 몇 시인지 묻는 말은 영어로 어떻게 하면 될까요? '지금 몇 시에요?'라고 말하고 싶을 때는 영어로 'What time is it?'라고 하면 된답니다. 이렇게 시간을 누군가 물어 오면 'It is + 시간'이라고 대답해 주면 돼요. 시간을 자유롭게 말하려면 영어로 숫자를 잘 알아야 된답니다. 이번에 잘 익히도록 해요.

□ **What time is it?**   몇 시야?
   왓   타임 이즈 잇

□ **It is 3 o'clock.**   3시야.
   잇 이즈 쓰뤼- 어클락

□ **What time is it now?** 지금 몇 시야?
   왓   타임 이즈 잇 나우

□ **It is ten o'clock.**   10시야.
   잇 이즈 텐   어클락

□ **It is ten thirty.**   10시 30분이야.
   잇 이즈 텐   써-ㄹ티

172

□ **It is ten twenty.**　　　10시 20분이야.
　잇 이즈 텐　　트웬티

□ **It is half past nine.**　　9시 30분이야.
　잇 이즈 해프　패스트　나인

□ **It is three forty.**　　3시 40분이야.
　잇 이즈 쓰뤼-　풔-ㄹ티

□ **It is time to go home.**　집에 갈 시간이야.
　잇 이즈 타임　투 고우　홈

✛✛✛✛✛✛✛✛✛✛✛✛✛✛✛✛✛✛✛✛✛✛✛✛✛✛✛✛✛✛✛

● 우리말에 해당하는 영어표현을 쓰세요.　🍎확인

1. 몇 시지?

　···▶ _____

2. 지금 몇 시지?

　···▶ _____

3. 3시야.

　···▶ _____

4. 10시 20분이야.

　···▶ _____

5. 집에 갈 시간이야.

　···▶ _____

14. 날씨가 추워!

날씨가 어떻다는 것을 말하려면 영어로 어떻게 하면 될까요? '날씨가 ~해요'라고 말하고 싶을 때는 영어로 'It is + 날씨 상태'라고 하면 된답니다. 이때 'It'는 아무런 뜻이 없는 단어예요. 하지만 날씨를 표현하고 싶을 때에는 반드시 써야 한답니다. 날씨에 관한 다양한 표현을 익혀서 직접 말해 봐요.

□ **It is cold.**　　　　　날씨가 추워요.
　잇 이즈 코울드

□ **It is hot.**　　　　　날씨가 더워요.
　잇 이즈 핫

□ **It is warm.**　　　　　날씨가 따뜻해요.
　잇 이즈 웜-

□ **It is sunny.**　　　　　화창해요.
　잇 이즈 써니

□ **It is cloudy.**　　　　　구름이 꼈어요.
　잇 이즈 클라우디

＊단어가 쑥쑥!

· cold　추운
· hot　더운
· warm　따뜻한
· sunny　화창한
· cloudy　구름 낀

174

□ **It is windy.** 바람이 불어요.
　잇 이즈 윈디

□ **It is raining.** 비가 오고 있어요.
　잇 이즈 뤠이닝

□ **It is snowing.** 눈이 오고 있어요.
　잇 이즈 스노윙

□ **It is humid.** 날씨가 습해요.
　잇 이즈 휴미드

● 우리말에 해당하는 영어표현을 쓰세요.

확인

1. 날씨가 추워요.

‥‥▶ _____

2. 날씨가 더워요.

‥‥▶ _____

3. 화창해요.

‥‥▶ _____

4. 바람이 불어요.

‥‥▶ _____

5. 눈이 오고 있어요.

‥‥▶ _____

정답　1) It is cold. 2) It is hot. 3) It is sunny. 4) It is windy. 5) It is snowing.

15. 우리 함께 하자!

친구나 사람들에게 무엇인가를 함께 하자고 말하려면 영어로 어떻게 하면 될까요? '우리 ~하자'라고 말하고 싶을 때는 영어로 Let's~라고 하면 된답니다. Let's는 'Let us'의 줄임말로, 함께 뭔가를 하자고 권유할 때 쓰는 표현이에요. 이 표현만 알면 친구들에게 여러 가지를 제안할 수 있답니다.

□ **Let's go to the park.**   공원에 가자.
렛츠 고우 투 더 파-ㄹ크

□ **Let's go to the zoo.**   동물원에 가자.
렛츠 고우 투 더 주-

□ **Let's go to school.**   학교에 가자.
렛츠 고우 투 스쿨-

□ **Let's have dinner.**   저녁 먹자.
렛츠 해브 디너ㄹ

□ **Let's watch TV.**   텔레비전 보자.
렛츠 와취 티-븨-

✳ 단어가 쑥쑥!

· **Let's**   우리 함께 ~하자
  (Let us의 줄임말이에요.)
· **zoo**   동물원
· **school**   학교
· **have**   가지다 / 먹다
· **dinner**   저녁식사
· **watch**   보다
· **TV**   텔레비전 (television
    의 줄임말이에요.)

176

□ **Let's study English.**　　　　영어공부하자.
　　렛츠　　　스터디　　잉글리쉬

□ **Let's go to bed.**　　　　　잠자러 가자.
　　렛츠　　고우　투　베드

□ **Let's take a break.**　　　쉬자.
　　렛츠　　테이크　어　브뤠이크

□ **Let's go home.**　　　　　　집에 가자.
　　렛츠　　고우　　홈

● 우리말에 해당하는 영어표현을 쓰세요.　　확인

1. 동물원에 가자.

⋯▶ _____

2. 학교에 가자.

⋯▶ _____

3. 저녁 먹자.

⋯▶ _____

4. 영어공부하자.

⋯▶ _____

5. 잠자러 가자.

⋯▶ _____

정답 ▶ 1) Let's go to the zoo.　2) Let's go to school.　3) Let's have dinner.　4) Let's study English.　5) Let's go to bed.

16. 이것 봐!

친구나 사람들에게 어떤 행동을 하게 하려면 영어로 어떻게 하면 될까요? '~해 / ~해 주세요'라고 말하고 싶을 때는 '명령문'을 만들어 쓰면 돼요. 영어 문장은 보통 '주어＋동사~' 이렇게 되어 있지만, 명령문은 문장 맨 앞에 동사가 나오게 돼요. 이때 동사는 어떤 변화도 없는 동사 본래의 형태인 동사원형을 쓴답니다.

□ **Look at this.**　　　　이것 봐.
　룩　앳　디스

□ **Look at that.**　　　　저것 봐.
　룩　앳　댓

□ **Help me.**　　　　도와 줘.
　헬프　미-

□ **Clean your room.**　　네 방 청소해.
　클린-　유어ㄹ　룸

□ **Stand up.**　　　　일어서.
　스탠드　업

＊단어가 쑥쑥!

· look　보다
· at　~에 / ~의
· clean　청소
· your　너의
· room　방
· stand　일어나다
· up　~위에 / ~위로

178

□ **Sit down.**
　　씻　　다운
앉아.

□ **Open your book.**
　　오픈　유어ㄹ　북
책을 펴세요.

□ **Close your book.**
　　클로즈　유어ㄹ　북
책을 덮으세요.

□ **Listen and repeat.**
　　리슨　앤(드)　뤼핏-
듣고 따라 하세요.

● 우리말에 해당하는 영어표현을 쓰세요.

확인

1. 저것 봐.

⋯▶ _____

2. 도와 줘.

⋯▶ _____

3. 앉아.

⋯▶ _____

4. 책을 덮으세요.

⋯▶ _____

5. 듣고 따라 하세요.

⋯▶ _____

정답　1) Look at that.　2) Help me.　3) Sit down.　4) Close your book.　5) Listen and repeat.

17. 만지지 마!

친구나 사람들에게 어떤 행동을 하지 못하게 하려면 영어로 어떻게 하면 될까요? '~하지 마 / ~하지 말아 주세요'라고 말하고 싶을 때는 '명령문' 앞에 Don't를 넣어 쓰면 돼요. Don't는 'Do not'의 줄임말이에요. 이때 Don't 다음에 나오는 동사는 어떤 변화도 없는 동사 본래의 형태인 동사원형을 쓴답니다.

Don't touch it.

□ **Don't touch it.**　　그것 만지지 마.
　돈(트)　터취　잇

□ **Don't look at that.**　그것 보지 마.
　돈(트)　룩　앳　댓

□ **Don't read this.**　　이것을 읽지 마.
　돈(트)　뤼-드　디스

□ **Don't worry.**　　　걱정하지 마.
　돈(트)　워뤼

□ **Don't cry.**　　　　울지 마.
　돈(트)　크롸이

※ 단어가 쑥쑥!

· Don't　~하지 마
　　　　(Do not의 줄임
　　　　말이에요.)
· touch　만지다
· look　보다
· read　읽다
· worry　걱정하다
· cry　울다

180

□ **Don't be sad.**　　　　슬퍼하지 마.
　　돈(트)　비　쌔드

□ **Don't be afraid.**　　두려워 하지 마.
　　돈(트)　비　어프뤠이드

□ **Don't hurry.**　　　　서두르지 마.
　　돈(트)　허뤼

□ **Don't watch TV.**　　텔레비전 보지 마.
　　돈(트)　와취　티-븨-

● 우리말에 해당하는 영어표현을 쓰세요.　　확인

1. 그것 만지지 마.

   ···▶ _____

2. 걱정하지 마.

   ···▶ _____

3. 울지 마.

   ···▶ _____

4. 두려워하지 마.

   ···▶ _____

5. 서두르지 마.

   ···▶ _____

정답 　1) Don't touch it.　2) Don't worry.　3) Don't cry.　4) Don't be afraid.　5) Don't hurry.

18. 이게 뭐야?

주위에 처음 보는 것이 있어 누군가에게 묻고 싶으면 영어로 어떻게 하면 될까요? '~은 무엇이니?'라고 말하고 싶을 때는 영어로 'What is~?'라고 하면 돼요. 이때 가까이 있는 것은 'This is~'라고 대답하면 되고, 저쪽에 떨어져 있는 것은 'That is~'라고 하면 돼요. 이 표현을 이용해서 많은 것을 묻고 대답해 봐요.

□ **What is this?**   이게 뭐야?
   왓   이즈   디스

□ **This is a desk.**   이것은 책상이야.
   디스 이즈 어 데스크

□ **This is a chair.**   이것은 의자야.
   디스 이즈 어 췌어ㄹ

□ **This is a pencil.**   이것은 연필이야.
   디스 이즈 어   펜슬

□ **This is an eraser.** 이것은 지우개야.
   디스 이즈 언   이뤠이서ㄹ

☀단어가 쑥쑥!

· What is~ ~은[는] 무엇
           입니까?
· This is~ 이것은 ~입니다
· desk   책상
· chair   의자
· pencil   연필
· eraser   지우개

□ **This is a notebook.** 이것은 공책이야.
디스 이즈 어 　노우트북

□ **What is that?** 저것은 뭐야?
왓 이즈 댓

□ **That is a computer.** 저것은 컴퓨터야.
댓 이즈 어 　컴퓨-터ㄹ

□ **That is a mirror.** 저것은 거울이야.
댓 이즈 어 　미뤄ㄹ

● 우리말에 해당하는 영어표현을 쓰세요.

🍎 확인

1. 이게 뭐야?

···▶ _____

2. 이것은 책상이야.

···▶ _____

3. 이것은 지우개야.

···▶ _____

4. 저것은 뭐야?

···▶ _____

5. 저것은 거울이야.

···▶ _____

정답 1) What is this? 2) This is a desk. 3) This is an eraser. 4) What is that? 5) That is a mirror.

지금까지 영어 문장을 공부했어요. 공부한 내용을 잘 알고 있는지 우리 함께 문제를 풀어 봐요. 모르는 것이 있으면 다시 한번 확인해서 꼭 외우고 넘어가요!

1. 나는 키가 커.

····▶ _____

2. 그녀는 졸리지 않아요.

····▶ _____

3. 너 슬프니?

····▶ _____

4. 나는 나의 가족이 좋아.

····▶ _____

5. I do not like winter.

····▶ _____

6. Do you like her?

····▶ _____

7. I can speak English.

····▶ _____

8. He can't help them.

····▶ _____

● 별을 통과하여 화살표 방향으로 나가보세요!

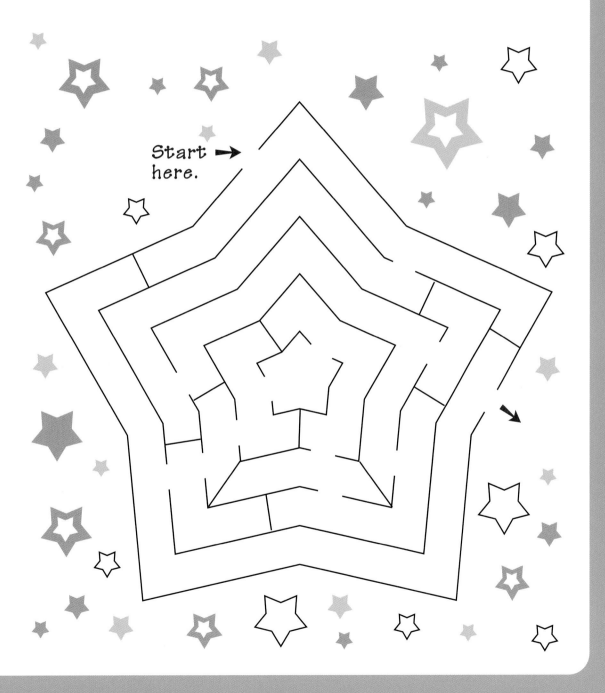

부록 영어로 나의 이름 쓰기

한글을 영어의 알파벳으로 바꿔 써 봐요!

한글 표기법이 있지만, 이름은 본인의 개성에 따라 약간씩 다르게 표현할 수 있어요. 그리고 외국인은 이름을 쓸 때 성을 뒤에 쓴답니다. 우리식으로 성을 앞에 써도 되지만, 영어로 이름을 쓰면서 성을 뒤에 써도 틀린 것은 아니에요. 한글 자음, 모음, 한글 각 글의 영어 표기에서 자신의 이름을 찾아내어 영어로 바꿔 보세요.

 한글 모음을 알파벳으로 표기하면 …

한글 자음을 알파벳으로 표기하면 …

 한글을 영어로 표기하면 …

사람 이름을 영어로 쓰기

 우리 가족 이름 영어로 쓰기

한글 모음을 알파벳으로 표기하면…

ㅏ	ㅑ	ㅐ	ㅒ	ㅓ	ㅕ	ㅔ	ㅖ
a	ya	ae	yae	eo	yeo	e	ye
ㅗ	ㅘ	ㅚ	ㅙ	ㅛ	ㅜ	ㅟ	ㅝ
o	wa	oe	wae	yo	u	wi	wo
ㅞ	ㅠ	ㅡ	ㅣ	ㅢ			
we	yu	eu	i	ui			

한글 자음을 알파벳으로 표기하면…

ㄱ	ㄲ	ㅋ	ㄷ	ㄸ	ㅌ	ㅂ	ㅃ
g/k	kk	k	d/t	tt	t	b/p	pp
ㅍ	ㅈ	ㅉ	ㅊ	ㅅ	ㅆ	ㅎ	ㅁ
p	j	jj	ch	s	ss	h	m
ㄴ	ㅇ	ㄹ					
n	ng	r/l					

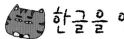

가	갸	거	겨	고	교	구	규	그	기
ga	gya	geo	gyeo	go	gyo	gu	gyu	geu	gi

나	냐	너	녀	노	뇨	누	뉴	느	니
na	nya	neo	nyeo	no	nyo	nu	nyu	neu	ni

다	댜	더	뎌	도	됴	두	듀	드	디
da	dya	deo	dyeo	do	dyo	du	dyu	deu	di

라	랴	러	려	로	료	루	류	르	리
la	lya	leo	lyeo	lo	lyo	lu	lyu	leu	li

마	먀	머	며	모	묘	무	뮤	므	미
ma	mya	meo	myeo	mo	myo	mu	myu	meu	mi

바	뱌	버	벼	보	뵤	부	뷰	브	비
ba	bya	beo	byeo	bo	byo	bu	byu	beu	bi

사	샤	서	셔	소	쇼	수	슈	스	시
sa	sya	seo	syeo	so	syo	su	syu	seu	si

아	야	어	여	오	요	우	유	으	이
a	ya	eo	yeo	o	yo	u	yu	eu	i

자	쟈	저	져	조	죠	주	쥬	즈	지
ja	jya	jeo	jyeo	jo	jyo	ju	jyu	jeu	ji

차 cha	챠 chya	처 cheo	쳐 chyeo	초 cho	쵸 chyo	추 chu	츄 chyu	츠 cheu	치 chi
카 ka	캬 kya	커 keo	켜 kyeo	코 ko	쿄 kyo	쿠 ku	큐 kyu	크 keu	키 ki
타 ta	탸 tya	터 teo	텨 tyeo	토 to	툐 tyo	투 tu	튜 tyu	트 teu	티 ti
파 pa	퍄 pya	퍼 peo	펴 pyeo	포 po	표 pyo	푸 pu	퓨 pyu	프 peu	피 pi
하 ha	햐 hya	허 heo	혀 hyeo	호 ho	효 hyo	후 hu	휴 hyu	흐 heu	히 hi

"최영란"

"박은비"

"김미란"

"Kim Mi-lan"

190

사람 이름을 영어로 쓰기

김미란	Kim	Mi	lan	Kim Mi-lan
박은비	Park	Eun	bi	Park Eun-bi
최영란	Choe	Yeong	lan	Choe Yeong-lan

 우리 가족 이름 영어로 쓰기

할아버지			
할머니			
아빠			
엄마			
언니			
나			
동생			

· 스티커로 익히는 알파벳 쓰기
· 스티커로 익히는 영어단어 쓰기

· 영어의 기초를 다져주는 Magic 초등 영어 첫걸음
· 영어의 기초를 다져주는 NEW 초등 영어 첫걸음 – PLUS

· 영어의 기초를 다져주는 Magic 초등 영어 파닉스
· 영어의 기초를 다져주는 ABC 초등 영어 회화–첫걸음

· **영어의 기초를 다져주는 Magic 초등 영어 문법**
· **영어의 기초를 다져주는 Magic 한영 사전**

영어 우등생이 선택하는 Magic 시리즈

영어 우등생이 선택하는 Magic 시리즈영어는 기초부터 튼튼하게 잘 배워야 해요.
처음에 재미있고 즐겁게 영어를 배우게 되면 흥미와 관심이 높아져서 실력이 쑥쑥 자라게
된답니다.아동 영어를 전문으로 연구하신 저자 선생님이 영어를 처음 접하는 초등학생이
꼭 알아야 할 기본 영단어, 문법, 회화표현을 총정리하여 영어의 기초를 다져 주는 Magic
초등 영어 시리즈를 펴냈어요.책의 구성대로 알파벳부터 단어, 문장까지 익혀 나가면 영어에
자신감이 생기고 더욱 흥미를 가지게 될 거예요.

학습 가이드 스티커

부모님, 선생님, 처음부터 끝까지 함께해 주세요!
옆에서 사랑으로 지도해 주시면 아이들의 영어 실력이 쑥쑥 자랄 거예요!